De Huérfanos
a Hijos

Encontrando el corazón de un padre

CLAUDIA GALVÁN GIL

Para otros materiales, visítanos en:
EditorialGuipil.com

© 2023 por Claudia Galván Gil
De Huérfanos a Hijos
Todos los derechos reservados

Publicado por **Editorial Güipil**
Miami, FL - Winston-Salem, NC. Estados Unidos de América

Reservados todos los derechos. Ninguna porción ni parte de esta obra se puede reproducir, ni guardar en un sistema de almacenamiento de información, ni transmitir en ninguna forma por ningún medio (electrónico, mecánico, de fotocopiado, grabación, etc.) sin el permiso previo de los editores, excepto para breves citas y reseñas.

Esta publicación contiene las opiniones e ideas de su autor. Su objetivo es proporcionar material informativo y útil sobre los temas tratados en la publicación. Se vende con el entendimiento de que el autor y el editor no están involucrados en la prestación de servicios financieros, de salud o cualquier otro tipo de servicios personales y profesionales en el libro. El lector debe consultar a su consejero personal u otro profesional competente antes de adoptar cualquiera de las sugerencias de este libro o extraer deducciones de ella. El autor y el editor expresamente niegan toda responsabilidad por cualquier efecto, pérdida o riesgo, personal o de otro tipo, que se incurre como consecuencia, directa o indirectamente, del uso y aplicación de cualquiera de los contenidos de este libro.

Versículos bíblicos indicados con NVI han sido tomados de la Santa Biblia, Nueva Versión Internacional, NVI. ©1999 por Bíblica, Inc. Usado con permiso de Zondervan. Todos los derechos reservados mundialmente. www.zonderban.com.
Versículos bíblicos indicados con RV60 han sido tomados de la Santa Biblia, versión Reina Valera 1960. ©1960 Sociedades Bíblicas en América Latina; ©renovado 1988 Sociedades Bíblicas Unidas. Utilizado con permiso. Reina Valera 1960© es una marca registrada de la American Bible Society.
Versículos bíblicos indicados con NTV han sido tomado de la Santa Biblia, Nueva Traducción Viviente, © Tyndale House Foundation 2008, 2009, 2010. Usado con permiso de Tyndale House Publishers, Inc., 351 Executive Dr., Carol Stream, IL 60188, Estados Unidos de América. Todos los derechos reservados.

Editorial Güipil

Editorial Güipil. Primera edición 2023
EditorialGuipil.com
ISBN: 978-1-953689-65-8
Categoría: Vida práctica / Familia/ Inspiración

Al Padre Celestial, quien me ha permitido escribir mi historia, la cual testifica de Su gracia y fidelidad.
A Jesús, por su inmenso amor por la humanidad.
A mis hijos, Daniela, Joshua, Gabriel y Génesis.
A ti, querido lector, que estás buscando en estas páginas conocer más de Dios.

Agradecimientos

Agradezco al Padre Celestial por la vida de mi esposo, quien me ha apoyado mucho en este proyecto.

Mario, gracias por amarme todos estos años y por estar siempre presente para nuestros hijos.

Agradezco a mi madre, por no desistir y no rendirse ante la adversidad. Admiro su fe, valentía y determinación.

Agradezco a mi hermana María José y a cada miembro de nuestra familia. Mi hermana ha sido un regalo de Dios para mi vida.

También a mis pastores Carlos y Stephanie Ferreyro por sus enseñanzas, oraciones y consejos.

Agradezco a Rebeca Segebre y todo su equipo en la editorial Güipil por darme la oportunidad de publicar este libro. Gracias por toda la preparación académica, apoyo y motivación para continuar escribiendo.

Agradecimientos

Capítulo 1
Encontrando el corazón de un Padre 9

Capítulo 2
La herida del rechazo 21

Capítulo 3
Estilos de crianza 33

Capítulo 4
Un viaje a lo desconocido 51

Capítulo 5
La identidad 71

Capítulo 6
Un padre conforme al corazón de Dios 95

Capítulo 7
La sanidad, un regalo del Padre 121

Epílogo
De huérfana a hija 145

Acerca de la autora 151

Bibliografía 153

CAPÍTULO 1

ENCONTRANDO EL CORAZÓN DE UN PADRE

Al igual que muchas personas con las que he tenido el privilegio de trabajar en sesiones de consejería, yo crecí en una familia con muchas disfuncionalidades. Para entender el efecto que nuestro pasado tiene en nuestro presente es necesario reflexionar en nuestra historia, reconociendo que todo en nuestra vida ha tenido un propósito y así caminar hacia el futuro que Dios ha preparado.

En este libro presentaré herramientas para ayudarte a sanar de traumas emocionales, heridas del rechazo y el abandono, así como ejercicios para descubrir tu identidad y tu propósito de acuerdo con el plan que Dios tiene para tu vida, para que veas lo maravilloso que es descubrir cómo Dios está presente en todo.

Es necesario que comparta un poco de cómo fue mi infancia y las experiencias que pasé para que veas cómo estas experiencias fueron moldeando mi vida en las distintas etapas de desarrollo. Quizá logres identificarte con algunas de mis vivencias y descubras cómo has logrado sobrevivir a situaciones que estaban destinadas para vencerte; pero que no han logrado más que fortalecerte y hacer que sigas adelante.

Mi madre me contó que cuando estaba por nacer, mi papá se había desligado de la responsabilidad de su rol, y que ella atravesó su embarazo sola. Mi padre nunca hablaba de ese asunto, lo único que decía es que cuando yo nací se alegró muchísimo; llegó al hospital Lenin Fonseca en Managua con una canastilla amarilla, pues él tenía la esperanza que yo fuese un varón. Algo que sinceramente no me gustaba escuchar, pues me hacía pensar en que quizá su alegría se fue cuando vio que no era un niño. Muchos años más tarde, mientras cuidaba de mi padre enfermo, me dijo:

—Sos mi continuidad; y lo único que puedo aconsejarte y decirte es: vive. El tiempo es como la vida para el que lo perdiese.

A mi padre le gustaba escribir y le encantaba la filosofía y la poesía, de vez en cuando hablaba de una manera filosófica. Él nunca me contó los problemas que habían tenido y jamás habló mal de mi mamá, aunque parte de la familia de mi mamá hablase mal de él.

No compartí muchas veces con mi papá en mis primeros años, pero las veces que pasé con él se quedaron grabadas en mi memoria y mi corazón. Nunca entendía porque no se oponía a las decisiones que mi mamá y mi abuela tomaban sin tomar en cuenta lo que él quería hacer. Hoy puedo ver que quizá la culpa de lo que pasó antes que yo naciera le hizo pensar que él había perdido toda autoridad sobre las decisiones que involucraban mi bienestar. También hoy puedo decir que mi padre estaba separado de Dios, no le conocía y no buscaba de Él, lo cual hacía imposible estructurar una familia como Dios inicialmente planeó y llevarnos a una vida en la que cada uno de nosotros conociera su identidad, su propósito y sobre todo Su amor, pues es imposible amar a los demás si primero no somos llenos de Su amor.

MIS PRIMERAS MEMORIAS SON CON MIS ABUELAS

Ambas me contaban cómo habían sido mis padres en la infancia y lo bien que se habían desempeñado en la escuela. Mi padre nació en Pueblo Nuevo y creció en la ciudad de Estelí, al norte de Nicaragua; y mi madre nació y creció en occidente en la ciudad de León, también conocida como la Ciudad Universitaria. Ambos se habían ido a la capital muy jóvenes: mi padre a estudiar contaduría, finanzas y derecho. Él logró graduarse con un doctorado en leyes y ejerció como abogado por cuarenta años. Mi madre había llegado a Mangua en búsqueda de trabajo y una mejor vida. Ella siempre tuvo mucho talento como estilista y cosmetóloga, algo que con mucho sacrificio aprendió. Mi madre llegó a la ciudad sola sin conocer a nadie; pero Dios le abrió puertas y oportunidades; también eliminó de su camino a personas que quisieron aprovecharse de ella por su juventud y falta de experiencia. A mi padre le gustaba cuidarse y conoció a mi mamá en un spa mientras se hacía una manicura; él se interesó por mi madre y posteriormente le presentó a su familia. Mamá contó que mi abuela paterna nunca la aceptó. Creo que cuando las madres deciden entrometerse en la vida de sus hijos adultos, los nietos son los que pagan las consecuencias. Es muy importante entender que debemos honrar a nuestros padres, pero también fuimos llamados a ser una sola carne con la persona a la que nos unimos delante de Dios y los hombres. Más adelante compartiré más del matriarcado que marcó a mi familia en varias generaciones, y en donde hubo hombres silenciados.

Nací en 1981, dos años después de la derrota de Anastasio Somoza Debayle y el avance del Frente Sandinista de Liberación Nacional, mejor conocido como FSLN en Nicaragua. A pesar del ambiente político y la disfuncionalidad en el núcleo familiar, recuerdo que era una niña muy activa, traviesa y siempre feliz cuando jugaba afuera.

Mi abuelita, con quien pasé la mayor parte de mi infancia, tenía árboles frutales y un enorme patio. A ella le gustaba cocinar y hacía deliciosos platillos para vender y así generaba ingresos, también cosía en una máquina antigua; Singer fue una de las primeras palabras que aprendí a leer. En esa máquina me elaboró mis primeros vestidos y la primera mochila color rosa que llevé al kínder.

Mi abuela era muy trabajadora y determinada. En tiempos de crisis, mis padres visitaban cuando les era posible y, con mucho esfuerzo, mi mamá llevaba cosas que necesitábamos pues vivíamos en la Nicaragua postrevolucionaria. Recuerdo hacer largas filas con mi abuela para recibir lo que la tarjeta de raciones indicaba o lo que se podía conseguir. Gracias a Dios, Nicaragua es un país agricultor y había comida que fácilmente podíamos comprar en los mercaditos locales de León. Mi tío, quien estaba en el ejército Sandinista después de ser reclutado a sus quince años, podía conseguir duraznos en miel en el puerto de Corinto, Chinandega. Los recuerdo porque son hasta hoy uno de mis postres favoritos. León siempre ha sido una ciudad muy alegre y hay actividades por todas partes.

Los hermanos de mi mamá hacían lo posible por estar pendientes de mi abuela y de mí. El hermano mayor de mi mamá nos buscaba los domingos para llevarnos a la catedral, mejor conocido como el Parque Central, y ahí me compraba una bolsita de jocotes —una especie de ciruela—, la cual me comía con sal y limón, sin faltar una bolsita de pan tostado para darle de comer a las palomas. Siempre me han gustado las aves, en ese tiempo no sabía que Dios me estaba usando para darles alimento. Buscaba la manera de subir a los imponentes leones frente a la Catedral. Pasaba las tardes muy contenta, hasta que nos tocaba regresar a casa y me daba cuenta en el camino que yo siempre era la niña sin sus padres. Nadie me decía nada, al contrario, me incluían en muchas actividades; pero a los cinco años empecé a notar que mi realidad era diferente a la de los demás niños. Las festividades de Día de la Madre no ayudaban en nada pues siempre mi abuelita asistía a recibir el clavel rojo que habíamos hecho en el salón.

En Nicaragua, la palabra *mota* era muy usada en ese tiempo porque muchos niños habían perdido a sus padres, en la guerra, esa palabra significa huérfana. Cuando llegué al primer grado, mis padres pagaban una de las mejores escuelas en León. En el colegio Calasanz había una niña en particular que me molestaba a mis seis años. Ella me decía:

—Sos una mota.

Yo no sabía lo que significaba esta palabra, pero los demás niños se reían, me señalaban y se apartaban de mí.

Un día al salir de la escuela, esperé a esta niña y la confronté; las cosas no terminaron nada bien pues uno de los directores me mandó a rezar frente a un crucifijo y a arrepentirme de algo que no entendía. Estar sentada frente a Cristo crucificado quedó en mi mente por mucho tiempo; recuerdo el miedo que sentí viéndolo ensangrentado y clavado a la cruz. No recuerdo que alguien se haya tomado el tiempo de explicarme por qué Él estaba así. Empecé a hacer muchas preguntas y quería saber más de Dios.

Un fin de semana nos invitaron a una vigilia cristiana. La comida que hacía mi abuela era muy popular y los evangélicos —como todos los llamaban en el barrio— sabían organizar sus actividades, y en medio de la escasez, Dios siempre proveía. Todos éramos recibidos con calurosos saludos y como si nos conocieran de mucho tiempo. En esos días estábamos bajo alerta de huracán y el grupo se unió en oración por nuestro país y el paso de este huracán. Yo nunca había pasado por algo así, y la casa de mi abuela no estaba en las mejores condiciones para enfrentar una tormenta de gran magnitud. El huracán Joan fue un poderoso fenómeno de larga duración que causó muerte y destrucción en más de una docena de países del Caribe y América Central. Se movió hacia el oeste durante casi dos semanas en octubre de 1988, y causó inundaciones y más de 200 muertes después de pasar por América Central.

La noche del 22 de octubre, el huracán Joan, también conocido como Mirian, entró como categoría cuatro en las costas de Bluefields en el Atlántico, causando gran devastación. Mi abuelita y yo escuchábamos atentas la información que nos daban en la radio. Ella hizo café y se dispuso a colocar las cosas más importantes en grandes bolsas de plástico. Después de mucha espera me mandó a dormir. No recuerdo haber cerrado un ojo por el ruido de los vientos, árboles y el ambiente. Esa madrugada del 23 está grabada en mi mente. Recuerdo claramente cuando llorando en silencio dije: «Dios, ayúdanos, por favor, tengo miedo». La respuesta no la escuché, pero pude verla al pasar la tormenta. Nuestra casita tenía daños menores; y mi abuela, nuestros vecinos y yo estábamos bien. Esa noche aprendí a hablar con Dios, ese día descubrí que Él existe porque fue la primera vez que recibí Su protección. Mi Padre Celestial obró de una manera como solo Él puede hacerlo. Cuando el huracán entró en nuestra área, las oraciones de los evangélicos, que muchos llamaban locos por el clamor en aquella vigilia, fueron respondidas porque Joan —huracán de categoría cuatro— se transformó en depresión tropical al entrar al pacífico nicaragüense. Nuestros vecinos estaban bien y entre todos se organizaron para limpiar, cocinar y ayudarse unos a los otros. Las líneas de teléfono estaban inservibles y no podíamos comunicarnos con familiares, mas poco a poco las cosas se fueron normalizando.

Un tiempo después de esa experiencia, mis padres decidieron que era tiempo que yo viviera con ellos, y así me separaron de mi abuela con la que había vivido desde días de haber nacido. Ese fue uno de mis primeros conflictos emocionales: quería estar con mis padres y mi hermana que había nacido cuando yo vivía en León, pero no quería dejar a mi abuela.

El viaje en autobús de León a Managua no fue nada fácil; lloré muchísimo y mientras mi mamá reaccionaba frustrada, mi papá me abrazaba y me decía que todo iba a estar bien; sus abrazos me confortaron. En la casa de mis padres no me faltó absolutamente nada, pero no estaba la persona que había sido todo para mí.

Esta experiencia me ayudó a entender lo que un niño pasa cuando es removido de un hogar y colocado en otro sin explicaciones, sin comprender qué sucede; la ansiedad que este cambio puede generar puede durar toda la vida y la profunda tristeza puede eventualmente convertirse en depresión.

Mi papá entendía que iba a ser un proceso de adaptación, pero mi mamá quería que este proceso fuese rápido. Ella constantemente me preguntaba si la quería y si estaba feliz con ella. Mi silencio a esas preguntas no ayudaba en nada. El cambio tampoco fue fácil para mi hermana, quien pasó de ser hija única para compartirlo todo; pero gracias a Dios siempre ha tenido una personalidad que se adapta muy rápido a las cosas. A los pocos meses de vivir juntas, éramos inseparables.

Al pasar del tiempo pude ir ajustándome al cambio y a las rutinas de mi familia. Mi papá tenía su propia oficina de leyes y mi madre ya había establecido una peluquería y una cafetería. Ella generaba muy buen ingreso, y aunque el país pasaba por momentos difíciles, mis padres habían logrado mucho. Los negocios de mi mamá estaban al lado de La tienda diplomática, que era muy conocida y donde solo los extranjeros y los miembros del estado podían comprar. Muchas de las trabajadoras de la tienda eran clientas de la peluquería y mi mamá obtuvo acceso a un permiso para hacer compras en esta tienda donde se pagaba en dólares y vendían todas las marcas de juguetes y ropa de Estados Unidos. Me encantaba ver las Barbies y sus enormes casas, y me gustaba mucho los dulces. En el parqueo de la tienda había niños de mi edad con baldes y toallas, listos para lavar autos. Muy pocas veces me fui de la tienda sin compartir los dulces que había comprado. Me hice amiga de alguno de ellos, y junto con una señora llamada Antonia —conocida como doña Toñita—, residente del mismo reparto, organizábamos cenas, repartíamos dulces y leíamos la Biblia. Dios me mostró a temprana edad que mi interés por las obras sociales y comunitarias era parte del propósito para mi vida; en ese tiempo no lo sabía, pero hoy puedo ver cómo me ha abierto las puertas y dado oportunidades de participar en distintas labores sociales para servir y ayudar a otros.

Mi mamá generaba más ingresos que mi papá y eso empezó a ser un problema en casa. Ella organizaba sus viajes y mi padre hacía sus planes por separado. Vivian juntos, estaban juntos, pero no eran un matrimonio. Creo que los problemas que habían ocurrido aun antes de que yo naciera, nunca se arreglaron, al contrario, empeoraron y arrastraron a mi hermana y a mí en las consecuencias. Mi papá no se veía muy interesado en ejercer ningún tipo de liderazgo en casa. Escribo esto no para juzgar a mis padres, pues a ambos los amo mucho y sé que los dos dieron de lo que tenían para dar, ambos mostraron amor como se los habían mostrado a ellos. Mi padre trató de ser la figura paterna que él había tenido: un padre silenciado, menospreciado, entregado a hábitos y comportamientos que eventualmente le alcanzaron con altas repercusiones. Mi madre trató de ser la mujer proveedora y trabajadora que había sido su madre; ella no estaba acostumbrada a mostrar ni recibir amor pues tuvo una infancia muy difícil. Ella mostraba su amor trabajando y proveyendo. Su ética de trabajo y esfuerzo son un gran ejemplo para sus hijas. Mi familia era un conjunto de huérfanos en búsqueda del corazón de un Padre, en búsqueda de amor, identidad, dirección, aceptación, perdón y sanidad.

Cuando encontré el corazón del Padre a través de Jesús me di cuenta de que no podía andar por la vida culpando a todos de los males, las situaciones o injusticias que me acontecieron pues mi Padre Celestial promete que todo obra para el bien de los que le aman (Romanos 8:28). Al pasar del tiempo noté que aun en las situaciones más duras, Él siempre ha estado ahí dispuesto a ayudarme y mostrarme cuán grande ha sido Su amor por mí. Entregarme al Padre Celestial no ha sido tarea fácil pues he tenido que entregar muchas cosas que crecieron en mí como resultado de lo que otros habían plantado y yo había decidido regar y mantener. Las mentiras que había aceptado bloqueaban el acceso, pero Dios nunca desistió de mí.

Dios confirmó lo que mi papá me había dicho en el hospital. Cuando falleció, yo buscaba el consuelo por no haber pasado más tiempo con él, de nunca haber recibido respuestas a muchas preguntas. En muchas ocasiones me refugiaba en la lectura bíblica y la oración; Dios me regaló este hermoso versículo.

«Sin embargo, llegué yo y te vi ahí, pataleando indefensa en tu propia sangre. Mientras estabas allí tirada dije: '¡Vive!'; y te ayudé a florecer como una planta del campo. Creciste y te convertiste en una joya preciosa.»
Ezequiel 16: 6-7ª (NTV)

Este versículo me recuerda las palabras de mi padre cuando estaba enfermo, y hoy veo que mi Padre Celestial me dice lo mismo; hoy, escribiendo mi historia, noto que si florezco es porque Él estuvo presente y aunque a no muchos les importó mi nacimiento, Él sí dijo: «Vive».

CAPÍTULO 2
LA HERIDA DEL RECHAZO

Empezaré este capítulo presentando la diferencia entre el rechazo y el abandono, porque aunque ambos conceptos pueden ser experimentados en la orfandad, uno puede ser el resultado del otro. Por ejemplo, el rechazo es repeler a alguien, echarle fuera; como en la escuela, el mensaje detrás de «Eres huérfana», era en realidad: «Vete, no te queremos con nosotros; no queremos jugar con huérfanos». Aunque el objetivo era la burla, en mi mente fue percibido como: «No me quieren porque no soy como ellos. No me aceptan porque no tengo a mis padres». A una edad muy temprana empecé a vivir en carne propia los prejuicios sociales sin ni siquiera entender sus definiciones. Este rechazo colocó en mí la máscara de la retirada. Si no percibía el lugar, situación o relación como segura, me retiraría sin dar ningún chance a ser lastimada.

En la definición de abandono podemos encontrar que no solo es dejar a alguien para ir detrás de algo sino también se expresa en una idea o pensamiento que se planta en la mente y el corazón de un niño o un adulto, pues podemos pasar por el abandono en cualquier etapa de nuestras vidas. Este pensamiento puede ser algo como: «No puedo tenerte conmigo» o «No puedo estar contigo». En varios estudios neurológicos se afirma que podemos experimentar el abandono y el rechazo desde que estamos en el vientre de nuestra madre.

Cuando pensé que estaba superando los sentimientos de rechazo, empecé a sentirme segura con una familia y muy feliz junto a mi hermana; la relación de mis padres empezó a deteriorarse al punto de la separación. Mi padre se vio involucrado en una relación extramarital y, como resultado, decidió irse de la casa. La joven con quien se fue dio a luz a los pocos meses a un hijo varón; y aunque mi hermana y yo nos alegramos mucho con la llegada de un hermanito, no podíamos ignorar como papá había cambiado su interacción con nosotras. En este tiempo, mi mamá también decidió hacer planes de viajes y negocios, y delegó nuestro cuidado a personas que ella había contratado, pensando que harían un buen trabajo cuidándonos mientras ella estaba fuera del país. Mi mamá decidió no dejar a mi abuela a cargo, y nosotras pagamos bien caro por esa decisión orgullosa.

No teníamos ni voz ni voto en lo que pasaba en nuestra casa, y aunque papá estaba en el país, él estaba viviendo su nueva vida abandonando la responsabilidad de dos adolescentes que tenían mucha necesidad por los cambios físicos y emocionales. Sufrimos mucho maltrato por parte de estas personas quienes erróneamente pensaron que no teníamos a nadie que se interesara en nuestro bienestar. Al comunicarle a mi mamá la realidad que vivíamos, con la ayuda de mi abuelita y uno de mis tíos, mi mamá se convenció que debía regresar y organizar nuestro cuidado en manos de nuestra abuela. Para mí fue muy triste ver como ambos padres querían vivir sus vidas y nosotras estábamos en plena adolescencia sin la presencia, el amor, la supervisión y el cuidado de nuestros padres. Como suele suceder cuando los adolescentes están buscando atención y ayuda, empecé a ser rebelde, agresiva y siempre lista para cuidarme. En ese tiempo, toda esperanza de que mis padres estuviesen presentes se desvaneció en mi corazón.

Durante terapias de grupo que he facilitado muchas personas han compartido que han sido rechazadas durante una o muchas etapas de su vida; algunos expresaron que buscaron protegerse del rechazo utilizando máscaras de comportamientos. Puedo identificarme con ello, yo utilizaba la máscara de retirada. La niña que me hacía *bullying* marcó mi infancia. Afectó mi socialización con otras niñas; no solo se burlaba, sino que organizaba a otros para que se burlaran de mí y me insultaran. Empecé a usar la máscara de retirada tan pronto veía comportamientos similares en mis interacciones con los demás. Al haberla agredido, quedó en mí que uno de mis mecanismos de defensa ante situaciones sería la confrontación.

El rechazo también me llevó a ser retraída en algunas áreas de mi vida, y muy activa y verbal en otras. Sentía que no tenía ningún valor delante de mis padres, así que intentaba ser perfecta para merecer ese valor que pensaba que me faltaba. Una persona que cree que no hace nada bien a los ojos de sus padres intenta ser perfecta con todo aunque esto traiga gasto de energía innecesaria y trabaje arduamente para ganarse la autovaloración.

Durante un tiempo de mi juventud hacía amigos varones con mayor facilidad que amigas mujeres. Dentro de mí existía la desconfianza y el temor, pues aquella niña se había enterado de que mis padres no vivían conmigo porque yo se lo mencioné. En un momento, ella ganó mi confianza y le conté algo que luego utilizó en mi contra. Percibí que le había cedido poder sobre mí al proporcionarle información. Inconscientemente se había creado en mi mente la posibilidad de que todas las amigas podían ser así. Entonces, para evitar el dolor y la burla, contaba lo que yo fantaseaba en mi mente. Algunos de esos anhelos con mis padres se hicieron realidad. Hoy puedo decir que ni siquiera recuerdo cómo se llamaba esta niña con quien compartí el salón de clases por dos años, pero recuerdo bien el daño que sus comportamientos y palabras crearon en mí. Tristemente, quizá ella misma pasaba situaciones en casa que hacían que se comportara así con los demás. Los niños aprenden más por lo que ven que por lo que se les dice. Pueden comportarse agresivamente contra los demás como una forma de enfrentar situaciones emocionales y es así como expresan enfado, enojo y confusión interna.

En la adolescencia empecé a sentir que no tenía valor, una insatisfacción total porque no sabía quién era en realidad. Estaba, como muchos jóvenes, en busca de mi identidad; no era fácil para mí decir: «Me parezco a mi papá en esto o aquello», pues no le conocía. Con mi mamá podía identificarme con su temperamento y la mayor parte de las cosas negativas; mucho tiempo después en sesiones de terapia me di cuenta de que me parezco mucho a ella en su ética de trabajo y determinación. Me esforzaba en la escuela, obtenía las mejores calificaciones en el salón, recibí premios internacionales en la Embajada de

Venezuela en Nicaragua, era presidenta de un movimiento ambientalista y líder estudiantil de mi secundaria; pero nada de esto me completaba. No tenía a mis padres y mi único apoyo en muchos de estos logros fue mi hermana. Empecé a buscar aceptación y amor en los lugares y las personas equivocadas.

Me refugiaba en mi jardín imaginario y permitía que mis miedos me atormentaran; en mi mente las personas eran pasajeras pues nunca había tenido a alguien constante en mi vida. Muchos psicólogos y terapeutas describen estas experiencias como heridas del rechazo. Mi vida era todo lo opuesto a lo que Dios diseñó para una familia. No tenía relaciones de calidad y temía establecerlos por miedo a ser rechazada solamente; socializaba con personas con las que podía sentirme segura. Evitaba la cercanía con otras personas y me alejaba por temor que me rechazara o se alejara y no fuese una figura estable en mi vida; mi objetivo no era ser antisocial sino protegerme del dolor. Estas experiencias me llevaron a entender que el rechazo es una herida emocional que puede perdurar en el corazón de alguien por mucho tiempo, quizá sin saber cómo o cuándo ocurrió.

Muchas personas se enteran cuándo inició el rechazo en sus vidas cuando acuden a consejería o terapias para conversar con alguien y autoevaluarse, y así encuentran la raíz del problema. Hay hábitos o comportamientos que se pueden erradicar, modificar o entregar a Dios una vez que reconoce cómo estos comportamientos están afectando la vida y las relaciones con los demás. En mi caso, me tomó años, mucho dolor y desilusión para comprender por qué tenía mecanismos de defensa ante el rechazo.

LA ORFANDAD EMOCIONAL

Por muchos años pensé que era huérfana porque fui rechazada; pero en realidad fue el rechazo el que dio lugar a mis sentimientos de orfandad. Sentirnos rechazados puede llevarnos a desarrollar orfandad emocional, esto quiere decir que aunque hayamos tenido a ambos padres con vida, el sentimiento de orfandad y soledad puede llevarnos a vivir como huérfanos, caminando sin el apoyo emocional de los padres, sin identidad ni dirección. No puedo culpar a mis padres por haber continuado con la cadena de orfandad en nuestra familia. Debemos recordar que el amor no sólo es hablar ocasionalmente con cariño a nuestros hijos o suplir sus necesidades monetarias y de primera urgencia; el amor debe ser demostrado en acción emocional y espiritual con palabras que dan vida y acciones que hacen sentir a nuestros hijos seguros y amados. Mis padres simplemente moldearon el amor que ellos habían recibido. Desde muy joven me propuse que con mis hijos sería diferente, que rompería ese ciclo de huérfanos emocionales en mi familia; me propuse que ellos no pasarían por el mismo camino de rechazo que afecta su identidad, su autoestima, sus relaciones con los demás y sobre todo su relación con Dios. También me propuse que ellos conocieran a Dios como su Padre, entendiendo que nunca están solos y que Él los ama mucho más de lo que yo pueda llegar a hacerlo.

MI MADRE Y EL RECHAZO

Mi madre tuvo una infancia llena de abuso y maltrato. Al igual que yo, ella sufrió la separación de sus padres: de una manera repentina su padre se fue de la casa llevándose a su hermana y dejándola a ella al lado de una mamá que sufría de diferentes trastornos emocionales como resultado de otra infancia llena de rechazo materno, abuso sexual, un matrimonio forzado a sus quince años y muchas otras cosas que marcaron su vida. Mi madre siempre evita recordar el día que su padre se marchó porque aún siente el dolor porque él no luchó por ella ni la llevó con él. Su padre le dio una vida cómoda a su hermana, le pagó estudios universitarios y siempre estuvo ahí para apoyarla. Mi madre siempre dice:

—Yo me quería ir con mi papá.

Y se puede escuchar el dolor en su voz cuando lo dice. Se puede ver el ciclo de tres generaciones viviendo las mismas experiencias con el rechazo y el abandono de uno o ambos padres.

La buena noticia es que ese ciclo terminó cuando Jesús llegó a nuestras vidas; mi hermana y yo hemos decidido criar a nuestros hijos de una manera totalmente diferente con estilos de crianza que explicaré en el próximo capítulo. Nosotras decidimos seguir el manual de vida de Dios para la familia en la mejor de nuestras habilidades. No hay crianza perfecta, pero Dios nos enseña que el amor cubre multitud de faltas; y en Su inmensa gracia nos ayuda a amar a otros por encima de nosotros mismos. Decidí llenar mi corazón del amor de Dios, lo cual me ayudó a perdonar a mi mamá, y sanar heridas que han impactado mi vida. No puedo decir que ocasionalmente pensamientos o inquietudes no tratan de venir a mi mente, o que en la actualidad no hay detonantes emocionales cuando hay alguna diferencia entre mi madre y yo. Dios me da el discernimiento para saber cuándo es un buen momento para conversar de estas cosas y cuándo no. Él me enseña a renovar mi mente y no permitir que vengan pensamientos o recuerdos que no me ayudan en nada a mejorar mi relación con mi madre. También me ha ayudado a establecer límites saludables en muchas áreas. Creo que una de las cosas que más afecta a los huérfanos es no saber su historia; hay una gran diferencia cuando los padres les hablan con la verdad a sus hijos. Hablarles con la verdad facilita el perdón, la compasión por lo que ellos han pasado y poder amarlos sin juicios ni reclamos; pero cuando los padres ignoran estas conversaciones y ponen escudos llenos de justificaciones, mentiras, orgullo y soberbia, da lugar al enojo, la amargura, el alejamiento de los hijos, el resentimiento y la falta de perdón. Los hijos no somos jueces de los padres, pero tenemos derecho de conocer nuestra historia.

Cuando me convertí en madre empecé a hacer preguntas del porqué decidieron dejarme, pues no podía imaginar entregar a mi bebé recién nacida. Mi madre no contestaba ninguna pregunta; pero se justificaba diciendo que mi abuela llegó al hospital y la convenció de que yo estaría mejor con ella y que cuidaría mejor de mí. Hoy puedo ver que fue el deseo de establecer una relación con su propia madre y el deseo de sentirse aceptada y amada por ella lo que la llevó a ser fácilmente manipulable ante sus deseos. La manipulación emocional de generación en generación entre madres e hijas ha sido otro fruto del rechazo, uno que años más tarde afectaría nuestra propia relación. Muchas son las cosas que no tienen sentido, pero cuando dejé de buscar la verdad de mis padres y me aferré a la de Dios, dejé de interesarme tanto por el pasado y me concentré en lo que Dios estableció para mí desde que estaba en el vientre de mi madre. Al encontrar a Dios como Padre presente, el que suple, esto generó sanidad interior de aquellas heridas que causó el rechazo y la ausencia de un padre.

Dios me ha dado la paz que sobrepasa todo entendimiento, me ha ayudado a orar y presentar toda inquietud con respecto a mi infancia, mi adolescencia y mi vida actual. Él me ha acompañado en todo momento y continúa mostrando la vida que Él diseñó para mí, mi identidad en Él y mi propósito en este mundo; Dios ha hecho todo nuevo y ha llenado mi corazón de Su amor. Después de orar para poder tener conversaciones difíciles con mi mamá, ella respondió a algunas inquietudes que nos ayudaron a crecer emocionalmente y sanar juntas. Dios me ha enseñado a dar la misma misericordia que deseo recibir de Él y me ha mostrado lo difícil que puede ser pasar de huérfanos a hijos. Para Dios no hay imposibles, pero la decisión de sanar y ser libre de las cadenas del rechazo está en nuestras manos. En realidad, mi madre y mi padre andaban buscando lo mismo que yo: el amor del Padre.

MI PADRE Y EL RECHAZO

Mi padre creció con ambos padres, pero su madre era quien tomaba las decisiones en casa. Su padre era silenciado por la matriarca de la casa. Para mi padre no era algo extraño que una mujer se hiciera cargo de todo en casa. Él tenía un hermano mayor, y su madre abiertamente hablaba de su favoritismo por su hijo menor, mi papá.

Ella cuidaba de todos los detalles de la vida de mi padre aun siendo adulto; cuando él empezó una relación con mi madre, se sintió con el derecho de decirles lo que debían hacer. Toda mujer que llegara a la familia debía someterse a su manera de hacer las cosas. Ninguna sería lo suficientemente digna si no se llevaba bien con ella. Mi madre llegó a la vida de mi padre y lo primero que experimentó fue el rechazo de su suegra y una vez más la figura masculina que supuestamente debía defenderla de los ataques, la abandonó con un embarazo.

Mi abuelo nunca estuvo presente en la vida de sus hijos, a pesar de vivir con ellos, creo que había llegado a la conclusión de que si su opinión no contaba, no era necesario expresarla, comportamiento que repitió mi padre en su relación con mi madre. Al igual que mi padre, mi abuelo se refugiaba en mecanismos de defensa dañinos y justificaba su ausencia con el trabajo. Mi padre estaba siguiendo el modelo que él ha había tenido y, al igual que mi madre, se propuso dar lo mejor de sí sin exponer sus errores y decir la verdad, prefirió callar hasta el último de sus días que decirme algo que me fuese a lastimar o a dañar la imagen de mi madre.

Dios me concedió cuidar de él en su enfermedad, tuvimos largas pláticas y pudimos darnos cuenta que teníamos mucho en común. Le hablé de Dios en cada oportunidad, haciéndole saber que le había perdonado y estaba muy agradecida con Dios por poder estar a su lado. Mi padre me agradeció no haberle rechazado e ir a Nicaragua a cuidar de él; me pidió perdón por todas las decisiones que había tomado en el pasado y por su ausencia. Mi mamá estaba en Miami y mi papá quería verla para pedirle perdón; pienso que ambos debían perdonarse, aunque mi mamá no lo veía de esa manera. Muchas veces el orgullo y el rencor nos mantienen la venda en los ojos y cadenas en el corazón. Cuando fui con mi mamá a Miami, le expliqué de la condición delicada de mi papá, también aproveché la oportunidad para recordarle que ambos habían fallado en muchas cosas; la intención no era llevarle a alguien a lado para que fuese humillado sino perdonado. Dios se glorificó grandemente al reunir a mis padres; oramos, cenamos juntos, nos tomamos fotos, ellos pasaron tiempo a solas y ambos pudieron ver que a pesar de todas las cosas, Dios nunca los abandonó ni a ellos ni a mí, y que al final de la vida lo único que realmente importa es estar bien con Dios y en amor con los demás, enfocados en lo bueno de las personas y no en el dolor que se ha venido arrastrando de generación en generación. Dios es fiel a Su Palabra y a través de Jesús, Él rompe toda cadena generacional de rechazo en la vida de sus hijos.

La muerte de mi padre terrenal dio lugar a una nueva relación con mi Padre Celestial, quien me dio consuelo, amor y todo lo que necesité para superar el dolor de la pérdida y procesos difíciles en mi vida matrimonial. La paternidad de Dios es suficiente para darnos sanidad y plenitud en la vida y en el cuerpo; Él proporciona la sanidad física y espiritual que muchos buscamos.

«Aunque mi padre y mi madre me abandonen, el Señor me recibirá en sus brazos.»
Salmos 27:10 NVI

CAPÍTULO 3
ESTILOS DE CRIANZA

En el capítulo anterior observamos algunos de los comportamientos, traumas y dinámicas familiares que afectaron mi infancia y adolescencia con respecto al rechazo. En este capítulo presentaré cómo las experiencias, traumas, miedos y situaciones de nuestra infancia, acompañado del tipo de crianza que nuestros padres o abuelos nos dieron, tiene mucho que ver en nuestro desarrollo como persona. Al igual que yo, mis padres tuvieron un conjunto de distintos estilos de crianzas que también los llevaron a comportarse como lo hicieron.

Vimos la importancia de hablarle a nuestros hijos con la verdad, y eso me lleva a pensar en las veces que contamos nuestras anécdotas de cuando éramos infantes; aunque veamos que hay discrepancias en la historia no nos sentimos con el valor o la confianza de hacer esas preguntas. Mi propósito no es invitar a cuestionar todo lo que se nos cuente sino fomentar las conversaciones sinceras, llenas de amor y respeto entre padres e hijos. ¿Sabes lo que hace la diferencia cuando alguien cuenta su historia de cuando tenía días o meses de haber nacido? La confianza que tenemos en la persona que nos contó cómo éramos cuando nacimos o, en mi caso, cuando mi abuela decidió criarme. Luego caminamos por la vida creyendo en estas historias, se hacen parte de nuestra identidad hasta que alguien más viene con su propia versión.

Dependiendo de la versión que nos cuenten podemos tener tres opciones:

1. Creer la primer versión
2. Creer la segunda versión
3. Creer la verdad de Dios.

En este último punto quiero compartir que Dios me mostró la verdad. Tal y como enseña Su Palabra, conocí la verdad y la verdad me hizo libre (Juan 8:32). Esta verdad no es un concepto sino una persona que representa esta verdad: Jesús. Muchas partes de mi historia a temprana edad no sucedieron exactamente como me las contaron, pero las emociones negativas por no saber la verdad fue sanado por la verdad de Dios. La verdad de Dios creo en mí una nueva identidad, un nuevo propósito: me llevó de huérfana a hija; es muy difícil explicar el sentimiento de libertad que experimenté cuando entendí que soy hija de un Padre amoroso que ha estado conmigo en todas las etapas de mi vida. Dios ha sido para mí ese padre que tanto anhelaba, Él ha afirmado su inmenso amor por mí a pesar de mis errores. Es el Padre que me conoce desde antes de la fundación de este mundo y que sabe todo de mí, con Él no es necesario usar máscaras o querer agradarle en mil formas y nada le complace. Él solo desea mi corazón y un genuino arrepentimiento de lo que he hecho contrario a Su verdad. A través de Su Palabra nos guía en la vida y nos da el consejo necesario para agarrarnos de Su mano y enfrentar cualquier situación.

En los estilos de crianza también se puede ver el estilo que Dios usa para moldear nuestras vidas, ayudarnos a madurar en la fe y alcanzar el propósito que tiene para nosotros. También usará la disciplina y la corrección cuando sea necesario, pero nunca dejará de amarnos en el proceso y nunca nos dejará solos. Jesús nunca me ha rechazado por ser mujer, no ha tenido expectativas de mí y cuando yo no las cumplo, no se aleja, como puede hacerlo un padre terrenal. No hay nada que pueda separarme de Su amor, ninguna cosa en los cielos ni en la tierra. Me ha amado tanto que me ha dado a escoger entre tener una relación cercana o vivir una vida sin Él, y aunque muchas veces le rechacé, al igual que el hijo pródigo, cuando volví a casa, Él hizo una fiesta para recibirme. Dios ha usado a muchos maestros, hermanos de la fe y personas especiales para mostrar la identidad que el diseño para mí: una identidad de hija y no de huérfana.

Un día mientras oraba recibí este hermoso pensamiento que me asegura que es necesario conocer la paternidad de Dios para entender cuánto nos ama y anhela que lleguemos a cumplir los planes que Él tiene para nosotros: «Cuando no sabes quién eres, serás lo que otros te dicen que eres». Una gran verdad porque por muchos años viví el relato ficticio de otros y mi propio mundo imaginario para escapar del dolor, la burla y el rechazo. Era lo que otros querían que fuese, influenciada por la moda de este mundo y no la identidad con la que fui diseñada por el arquitecto del universo.

Es muy importante que como padres entendamos la importancia de la crianza de nuestros hijos para ayudarles en el desarrollo social, emocional y espiritual. ¿Podremos llegar a ser padres perfectos? Absolutamente no, pero con la ayuda de Dios, a través de Su Palabra y la oración podremos realizar un trabajo que honre a Dios con el precioso regalo que son los hijos. Nosotros como padres podemos esforzarnos en todo lo que esté a nuestro alcance y confiar en que Dios hará la parte que para nosotros no es posible; pues lo que para los hombres es imposible es posible para Dios (Lucas 18:27).

Veamos cómo la sociedad define la orfandad y las relaciones familiares. El diccionario Oxford define la palabra de la siguiente manera:

1. Nombre de persona, que no tiene padre, madre o ninguno de los dos, porque han muerto. "quedar huérfano"
2. *adjetivo*
Que carece de una cosa, cualidad o característica necesaria; en especial de algún tipo de protección o ayuda de la que debería gozar.(1)

Por mi experiencia personal puedo testificar que este es el significado de la palabra huérfano; y si te sucedió como a mí en la segunda definición, que a pesar de tener a tus padres con vida te sentiste sin protección o ayuda, quizá podemos identificarnos y hasta pensar que esta es la verdad de nuestras vidas; pero si decidimos creer la verdad de Dios llegaremos a esta conclusión: se puede cambiar y renovar ese pensamiento a través de la Palabra:

«Padre de huérfanos y defensor de viudas es Dios en su santa morada. Dios hace habitar en familia a los desamparados; saca a los cautivos a prosperidad.»
Salmos 68:5-6

Veamos algunas definiciones que la sociedad ha determinado para las relaciones familiares.

1. Padre: Un padre es el progenitor masculino con lazos paternales de un padre con sus hijos, el padre puede tener una relación biológica, emocional, legal y social con el hijo que conlleva ciertos derechos, obligaciones y responsabilidades.

2. Hijos: Personas ligadas con relación a sus progenitores o padre de crianza, También hijos de una nación.

3. Madre: Una madre es la progenitora de un niño. Una mujer con una relación biológica o emocional. Esta mujer puede ser considerada madre en virtud de haber dado a luz, por criar a un hijo que puede ser o no su descendencia biológica, o por suministrar su óvulo para la fecundación en el caso de gestación subrogada.

4. Hermanos: Personas con vínculos, considerados con relación el uno al otro, que es hijo de los mismos padres o al menos del mismo padre o madre.

Considero muy importante que cada uno de estos términos tiene la palabra relación para establecer la conexión entre padres e hijos y miembros de una familia. Eso es lo que muchos estamos buscando en la vida.

Siempre sentí que me faltaba algo y ese algo era una relación con Dios. Establecer una relación de Padre e hija con Él me ha llevado a la sanidad y el perdón, y es así como logré tener una relación con mi padre y mi madre. Para evitar las cadenas emocionales y muchos de los ciclos que tuvieron lugar en mi familia fue necesario estudiar los estilos de crianzas y compararlos con lo que la Biblia dice acerca de la paternidad y la maternidad. Entender el rol de cada uno de los miembros de la familia es muy importante para lograr establecer relaciones saludables.

ESTILOS DE CRIANZA

1. Padres autoritarios

Son inflexibles, exigentes y severos cuando se trata de controlar el comportamiento. Tienen muchas reglas. Exigen obediencia y autoridad. Están a favor del castigo severo o excesivo como forma de controlar el comportamiento de sus hijos. Sus hijos tienden a ser irritables, aprensivos, temerosos, temperamentales, infelices, irascibles, malhumorados, vulnerables al estrés y sin deseos de superación.

«Y ustedes, padres, no provoquen a ira a sus hijos, sino críenlos en la disciplina e instrucción del Señor.»
Efesios 6:4 (NBLA)

Proverbios 22:15 nos dice que el corazón de los jóvenes está lleno de necedad. Menciona la disciplina física y que está alejará a los jóvenes de la necedad o insistencia en hacer algo que sus padres saben es un peligro para ellos. Hay muchos escritos sobre el daño a la salud mental que el abuso físico puede hacer a los niños pero la Biblia no nos llama al abuso o corrección dañina sino a ejercer autoridad que muchas veces será castigo físico. Sacar con autoridad a nuestros hijos de una situación peligrosa, alzando nuestra voz con firmeza y quitándoles privilegios físicos como el ser parte de una reunión social que anhelaban, es corrección física sin lastimarlos. No estoy diciendo que desapruebo una ocasional corrección física que no pase al maltrato y que sea de acuerdo a la edad de los hijos.

Fui una niña muy traviesa, y aunque mi abuelita hacía su mejor esfuerzo y aplicaba lo que conocía. Yo tocaba todo, y una vez toqué algo que para mi abuela era inaceptable: su famoso ropero[1] . Saqué un objeto que me llamo la atención y lo abrí para ver qué había adentro, y al tratar de abrirlo, lo rompí. Mi abuela me agarró las manos y me dijo:

—Si volvés a tocar algo, te quemo las manos.
—Mientras colocaba mis manos muy cerca de la estufa.

Aunque no me quemó, el terror de estar tan cerca me causó ansiedad; ese ha sido un recuerdo que tomó años contar. Cuando esa imagen venía a mi mente en la adultez me creaba sentimientos de impotencia y enojo. Culpaba a mis padres por no protegerme y porque sabiendo, lo permitían. No puedo culparlos de algo que era —y sigue siendo culturalmente— aceptable en muchos lugares. Mi abuela podía pasar de ser la más tierna y amable a una

---
[1] Mueble grande de madera con gavetas, estilo clóset.

persona irritada, iracunda y muy hostil en los castigos que me aplicaba.

Un día mientras hacía una evaluación a una niña muy pequeña, noté comportamientos similares a los que yo tuve cuando era castigada. Dios me permitió ver ese día cómo podemos usar las experiencias terribles en nuestras vidas para ayudar a otros. Empecé a preguntarle a la niña algunas cosas, y mi supervisor tomó la decisión de ese caso basado en las intervenciones clínicas y las respuestas a las interrogantes. En efecto, la niña estaba sufriendo abuso físico, abandono y maltrato emocional.

2. Padres con autoridad

Los padres son cariñosos y ofrecen su apoyo al niño, pero al mismo tiempo establecen límites firmes. Intentan controlar el comportamiento de sus hijos a través de reglas, diálogo y razonamientos con ellos. La disciplina que ejercen está basada en principios que benefician a los hijos, los padres y fortalecen las relaciones entre hermanos. Escuchan la opinión de sus hijos sin estar de acuerdo. Como consecuencia, los niños tienden a ser amistosos, enérgicos, autónomos, curiosos, controlados, cooperativos, con deseos de establecer metas y planes que los llevan al éxito.

3. Padres permisivos

Los padres son cariñosos, pero relajados y no establecen límites firmes, no controlan de cerca las actividades de sus hijos ni les exigen un comportamiento adecuado a las situaciones. Los niños tienden a ser impulsivos, rebeldes, sin rumbo, dominantes, agresivos, con baja autoestima, autocontrol y con pocas motivaciones para realizarse con éxito.

Los límites son necesarios en nuestra vida. Aunque muchas veces nos encantaría ser amigos o colegas de nuestros hijos, la realidad es que no podemos serlo, no es saludable actuar como nuestros hijos ni que ellos actúen como los padres. La educación eficaz requiere que pongamos límites y normas en casa, estas empiezan desde que son pequeños; las reglas establecidas deben de tener un balance ya que no tener normas es un peligro pero también es peligroso normas demasiado estrictas.

Las normas deben de ser las mismas para todos los hijos por igual, y no debemos moldear las normas porque uno de nuestros hijos tenga una personalidad distinta al otro. Si uno o el otro quebranta una regla, es necesario que ambos reciban la misma corrección.

Si somos flexibles con un hijo, pero súper estrictos con el otro, eso empeorará las cosas, porque en el caso de los adolescentes puede llevarlos a cuestionar nuestra autoridad como padres y a resentir a sus hermanos. Muchas veces ese resentimiento se puede llegar a convertir en amargura, celos y envidia hacia sus hermanos. Es muy importante darnos cuenta de cómo reaccionan nuestros hijos acerca de las reglas establecidas y escucharlos, como hacen los amigos; además de aplicar la compasión que Dios nos da, teniendo siempre en cuenta que la responsabilidad de educarlos un día será demandada de nosotros.

Ninguna disciplina resulta agradable a la hora de recibirla. Al contrario, ¡es dolorosa! pero después produce la apacible cosecha de una vida recta para los que han sido entrenados por ella (Hebreos 12:11).

4. Padres pasivos

Son indiferentes, poco accesibles y tienden al rechazo. Los niños tienden a tener poca autoestima, poca confianza en sí mismos, poca ambición y buscan, a veces, modelos a seguir inapropiados para sustituir a los padres negligentes. Los padres pasivos pueden ser también padres ausentes, y en la búsqueda de atención, los hijos presentan comportamientos como la agresividad, la baja autoestima y diversos temores. También los hijos pueden ser más vulnerables al acoso escolar o a acosar a otros para librarse de la frustración emocional que sienten.

He trabajado con jóvenes que me han dicho:

—Si a mis padres no les importo, ¿por qué te voy a importar a ti?

Una frase que tiene mucho peso emocional pues eso es lo que a veces aleja a las personas de Dios. Es muy importante conocer al Padre amoroso que Dios es para entender que todo lo que hacemos es de suma importancia para Él, no para juzgarnos o rechazarnos sino para orientarnos, para celebrar con nosotros nuestras victorias diarias grandes o pequeñas. ¡Él está siempre presente! no como Padre permisivo, pues debemos recordar que Él pone reglas, estatutos y límites para que nos vaya bien.

Veamos algunos ejemplos de comportamientos que podemos ver en los adultos y que se originaron en la infancia:

- Desde los ocho años, Teresita se responsabilizó de sus hermanos menores (cinco y seis años). Después de una separación, su madre se había ido de casa y su padre trabajaba todo el día para proveer para ellos. Teresita hizo su mejor esfuerzo para tomar responsabilidades de mamá en casa: alistaba a sus dos hermanos, les preparaba el desayuno, les bañaba y les llevaba a la escuela. Cuando regresaban de la escuela, ella no salía a jugar con los otros niños: lavaba los uniformes para el día siguiente, alistaba la cena para su familia y ponía a sus hermanos a hacer la tarea. Hoy es una adulta y tiene su propia familia. Ha adquirido muchos logros y puede desempeñarse en muchas áreas; pero le cuesta pedir ayuda y lucha con la constante preocupación de siempre cuidar de sus hermanos, al punto de crearle ansiedad y un alto nivel de estrés. También ha tenido problemas relacionales con ellos en ocasiones cuando hay necesidades financieras y ella no puede suplir para ellos y para su propia familia.

- Miriam creció en una familia con un padre muy estricto que no daba lugar a las emociones ni a expresar sus opiniones ni ideas. La madre de Miriam no podía opinar en ningún asunto que requiriera tomar decisiones y todo era controlado por su padre. Creció escuchando comentarios muy groseros hacia las mujeres; cada vez que ella se expresaba con algo que había aprendido en la escuela, su padre no le daba la menor importancia. Él pensaba que invertir mucho en la educación de Miriam era innecesario porque era niña y eventualmente ella se casaría, tendría familia y sería la responsabilidad de su esposo. Le insistía en que debía casarse con un hombre adinerado. Miriam luchó mucho en su adolescencia con el deseo de expresar lo que sentía. Como adulta, ella superó el aislamiento social, aunque todavía está trabajando en expresar lo que siente y darle nombre a sus emociones.

- Gabriel es hijo único, creció con ambos padres y tuvo una infancia con muchas oportunidades. Sus padres lo sobreprotegían, y a pesar de participar en muchas actividades, no hacía cosas por su cuenta. Sus padres le ayudaban con sus responsabilidades académicas y le exigían adquirir altas calificaciones sin excepción alguna. Gabriel tiene la tendencia a exigirse demasiado y eso lo ha llevado a experimentar estrés crónico en su área laboral. Hoy es un adulto que sufre de ansiedad, experimenta varios temores y necesita estar en una relación para sentirse seguro. Ha creado codependencia en muchas ocasiones y esto le ha llevado a experimentar problemas en las relaciones con otros adultos en su entorno.

- Antonio creció con ambos padres; sin embargo, nunca le explicaron con claridad muchas cosas que pasaron en su familia. Para hacerle sentir mejor, sus padres y otros miembros de su familia le mentían y le hacían promesas que nunca se cumplieron. Hoy, Antonio experimenta un alto nivel de dificultad para confiar en los demás. Cuando comparte en círculos sociales, cuestiona a los demás y aun cuando escucha quietamente su lenguaje corporal muestra que está analizando lo que los demás están diciendo, creando a su vez desconfianza en los demás. Él admite que está listo para responder y enfrentar a las personas y que esto lo ha llevado al aislamiento social en muchas ocasiones.

- Johana creció en un hogar donde su madre tomaba todas las decisiones. Cada vez que su padre quería hablar, opinar o tomar una decisión diferente, él era silenciado; para Johana y sus hermanos, era evidente que papá estaba en ese hogar solo para proveer y nada más. Su padre era humillado en público, porque las personas tenían que saber que era la mujer que estaba a cargo en casa. El papá de Johana mostraba su amor con tiempo de calidad y le gustaba sacar a sus hijos de la rutina de la escuela. Le gustaba visitar pueblos y enseñarles historia visitando distintos sitios en cada oportunidad que tenía la motivaba a ser buen estudiante, a tener sueños y metas. La mamá de Johana no era expresiva, se enfocaba en trabajar y producir por encima de la familia. Todo lo que ella producía iba para sus negocios y proyectos. El padre estaba a cargo de todos los gastos de casa y de los niños. La mamá de Johana guardaba dinero en base a sus temores de si su esposo se iba, la dejaba sola o se iba con alguien. En la adolescencia, la mamá de Johana la motivaba de una manera muy distinta: «Tienes que prepararte porque no puedes confiar en los hombres, todos son iguales». Johana luchó por muchos años con traumas secundarios que su madre le traspasó. La mamá de Johana venía de una larga cadena de mujeres solteras criando niños solas, y aunque esta no era su situación, ella tenía el temor que le podía suceder lo mismo; y esto afectó así la dinámica familiar de sus hijos y la relación con su padre. Johana experimentó rupturas, divorcios y muchas experiencias negativas porque no sabía relacionarse con los hombres, los veía como personas en las que no se puede confiar. El temor a ser rechazada por el abandono de un hombre era mayor que el amor que la llevaba a establecer vínculos con alguien. Pero ella decidió renovar su mente y el crecimiento espiritual al establecer su relación con Dios le mostró que Él está en control de las cosas. A través de las Escrituras y el estudio en la búsqueda de su identidad, Johana comprendió que someterse a un esposo no es el concepto erróneo que se le había presentado.

En la etapa temprana de desarrollo un niño todavía no logra comprender que ha sido entregado a otro adulto para su cuidado o que ha experimentado el rechazo o abandono. Un niño pequeño tiene resiliencia y se apega a la persona que está cubriendo sus necesidades básicas. Notemos que abrigo, alimentación, educación y vestimenta cubren necesidades físicas; pero si no existe nutrición emocional y espiritual, los niños crecen sin las estrategias esenciales para subsistir cuando los porqués, las comparaciones, la depresión, la ansiedad entre otras dolencias emocionales empiezan a surgir. En muchas ocasiones, esta es la etapa de transición entre infancia y adolescencia en la que si no conocemos quién es Dios y cómo opera Su paternidad en nuestras vidas podemos llegar hasta culparle de todo lo que ha acontecido con nosotros.

Por mucho tiempo luché con lo que las personas a mi alrededor decían de mi madre. Vecinos y algunos familiares de mi mamá aprovechaban cualquier oportunidad para decirme que ella me había dejado para irse de rumba o cómo se dice en Nicaragua, «para irse al bacanal». Cuando preguntaba qué era un bacanal, la gente se reía; no sabía si se reían de mí por no entenderles o porque me habían dejado. La burla hacia un niño es otra forma en la que experimenta el rechazo. Eso me creaba una gran confusión y una profunda tristeza que se fue acumulando y generando resentimiento, enojo, problemas de autoestima, sentimientos de rechazo, ansiedad, depresión y orgullo. Cada vez que leo el evangelio de Lucas 8:2, en el que María Magdalena fue liberada de siete demonios, puedo ver de todas las ataduras espirituales y emocionales que Jesús me ha liberado a mí también. Cuando era pequeña lloraba mucho, y recuerdo que una persona en mi familia me decía:

—Cállate, Magdalena.

Una noche, leyendo mi Biblia, este pasaje quiso entrar en mi mente. El recuerdo de los gritos y la burla seguido de un pensamiento acusatorio: «Igual de pecadora que ella»; pero de inmediato siguió otro: «Así como ella fue liberada, lo has sido tú también, las cosas viejas pasaron he aquí todo es hecho nuevo». Dios es maravilloso; entre más le buscamos, más fácil es reconocer Su voz.

Considero de suma importancia incorporar en las terapias de salud mental las células de apoyo y momentos a solas con Dios para recibir la sanidad que solo Él puede brindarnos al mostrarnos la verdad, abrazarnos y mostrarnos quiénes somos y para qué hemos sido llamados.

Otra estrategia de este mundo, la cual nos marca, es la comparación. Los adultos tenemos que tener mucho cuidado con lo que decimos frente a los niños aun cuando pensamos que no están poniendo atención o que no comprenderán. Muchas veces escuché:

—Dejaron a Claudia y luego parió otra hija.

Eso era doloroso y fue creando división entre hermanos porque yo me sentía traicionada por mis padres. Cuando estábamos juntas, mi hermanita siempre me seguía, repetía todo lo que yo decía y aunque al principio eso no era muy agradable me acostumbré rápido a tenerla cerca, jugar con ella y correr por todos lados. Dios ha sido muy bueno ayudándonos a mantener una relación en medio de todo lo que hemos vivido juntas. Yo pensaba que cuando mi hermanita se iba todo estaba bien con ella. Lo veía como «está en casa con mamá y papá, tiene todo y está bien». Ha sido de adultas que hemos logrado platicar de estas cosas que vivimos por separado; algo que me impactó fue que ella me contó que fue testigo de muchas peleas, gritos y los problemas matrimoniales de nuestros padres, lo cual también le marcó. Aunque mi hermana estuvo temporadas en León conmigo, no vivía allí y el dolor que sentía cuando nos separaban era profundo.

Un niño que queda atrás se sentirá traicionado, confundido, rechazado y sin la menor comprensión de por qué sucede; en otras palabras, la confusión le llevará a dudar si en verdad es amado o si simplemente existe en este mundo. A menudo Dios se presenta en la Biblia como «el Dios que me ve», y Jesús le dijo a Natanael:

—Te vi debajo de la higuera.

Dios usaba mucho a mis maestros para decirme: «Veo tu esfuerzo», «Eres inteligente», «Esfuérzate», «No tengas miedo». Los abrazos de mis maestras en el Día de la Madre, recitales de poesía y reconocimientos académicos fueron un gran regalo de Dios; hoy puedo ver que mi Padre estuvo presente en los eventos importantes a través de las personas que Él colocó en mi vida.

El testimonio de mi hermana me ayudó a ver que puedes imaginarte que otros han tenido unas vidas mejor que tú, cuando en realidad todos hemos pasado por situaciones que nos han marcado de alguna manera. No me alegré en lo absoluto, al contrario, pude ver la tristeza al relatar hechos que pudieron haber sido muy diferentes, situaciones que ella ya ha entregado a Dios y ha ayudado a muchos —incluyéndome— a encontrar sanidad en Cristo. La Palabra de Dios nos dice: «Sean transformados mediante la renovación de su mente». Esta es una de las múltiples verdades que Dios nos ofrece para entender que es en la mente donde empieza la transformación espiritual y física, y es por eso que entender que somos hijos amados, creados con propósitos y metas y que nuestro Padre se interesa en cada detalle es de vital importancia para sanar y ayudar a otros a hacer lo mismo.

> «No imiten las conductas ni las costumbres de este mundo, más bien dejen que Dios los transforme en personas nuevas al cambiarles la manera de pensar. Entonces aprenderán a conocer la voluntad de Dios para ustedes, la cual es buena, agradable y perfecta.»
> Romanos 12:2 (NTV)

CAPÍTULO 4
UN VIAJE A LO DESCONOCIDO

Acelerar las responsabilidades en los niños los coloca fuera de su fase natural y les roba el mantener un desarrollo emocional paulatino necesario para su sanidad integral. La rapidez con la que un niño o adolescente que debe de cuidar de responsabilidades de adulto crea un apego inseguro en relaciones futuras. Padres amorosos y presentes ayudan a los niños a sentirse apoyados y comprendidos abriendo camino para lidiar mejor con los cambios de la adolescencia donde las inseguridades por los cambios físicos empiezan a formar parte de la vida de los jóvenes. Niños con padres no amorosos o inestables y que deben cuidarse a sí mismos desarrollan un apego de inseguridad e inestabilidad. Esto lleva a los jóvenes a ser más propensos a caer en las manos de personas controladoras, manipuladoras o sin escrúpulos, quienes usan esa falta de amor para crear relaciones cercanas con quienes están dispuestos a todo por encontrar afecto, aceptación y amor aun cuando es evidente que estas relaciones pueden ser altamente tóxicas y peligrosas.

En muchas ocasiones, los niños enfrentan grandes problemas que usualmente son comunes en los adultos, eso les hace madurar muy rápido pero también les roba gran parte del desarrollo emocional que necesitan. Es por etapas que se alcanza la madurez y no forzándoles de una sola vez llevándolos a la frustración y la rebeldía. Al no alcanzar la madurez por etapas se crean comportamientos y traumas que afectan la salud mental del adulto. El niño se enfoca en cumplir con las responsabilidades asignadas en la mejor de sus habilidades, muchas veces quiere hacer lo mejor posible para ganarse el afecto o alguna palabra de amor de sus padres; pero en lugar de eso recibe críticas y menosprecio lo que le va creando heridas emocionales, baja autoestima y falta de confianza en los demás pero sobre todo en él mismo. Estudios de la Asociación Americana de Psicología de Estados Unidos demuestran que los adultos que no han recibido amor de sus madres cuando eran niños crecen con la idea errónea que el mundo es un lugar totalmente inseguro y que las personas siempre son malintencionadas. Esto da lugar a una enorme dificultad en confiar en los amigos o en sus relaciones cercanas.

«El hijo con apego ambivalente necesita validación constante de que la confianza está garantizada. Estas personas experimentan el amor como una obsesión, un deseo de reciprocidad y unión, altibajos emocionales y celos.» Cindy Hazan, psicóloga.

Los niños con apego ansioso o ambivalente tienen una sensación permanente de inseguridad provocada por la inconsistencia en las conductas de sus padres. En los grupos de terapia que he facilitado con temas relacionados como la ansiedad, ataques de pánico, temores e inseguridades, he podido notar como la ausencia física o emocional de los padres en la infancia, relaciones tóxicas y abusivas entre familiares, orfandad y maltrato emocional. Estos son temas que impactan fuertemente la vida adulta de las personas que experimentaron un crecimiento acelerado sin disfrutar de una adolescencia según las etapas de desarrollo físico y emocional guiadas por gente genuinamente interesada en su bienestar.

Después de una infancia turbulenta, experimentando el dolor emocional que causa el rechazo y la ausencia física de los padres, me tocó vivir lo que muchos inmigrantes han pasado: el dejar atrás lo que conocen por la esperanza de un cambio positivo en sus vidas y las de sus familias en un nuevo país. Mis padres, a pesar de su separación, lograron ponerse de acuerdo y decidieron que no era bueno para mi hermana y para mí estar sin supervisión, bajo el cuidado de nuestra abuela, quien para ese entonces estaba muy enferma. Ninguno de mis padres quería aceptar que la negligencia a nuestro cuidado había ocasionado que nos involucráramos en la búsqueda del amor y la aceptación en los lugares equivocados y en ocasiones —en mi caso—, con las personas equivocadas. A pesar de todo, Dios siempre estuvo librándome de malas decisiones y de peligros que hubiesen alterado mi vida de muchas formas. Hoy puedo decir que todo lo que ocurrió fue procesos de aprendizaje que hoy he convertido en lecciones de vida para ayudar a jóvenes y familias; considero que Dios tornó mis errores en enseñanzas transformando derrotas en victorias para ayudar a otros. Yo estaba comenzando a buscar el amor; me fijaba en jóvenes un poco mayores que yo y, como en muchos casos, estaba cayendo en una relación abusiva y muy peligrosa. En la búsqueda de amor, aceptación y protección permitía comportamientos manipuladores y controladores. Decidí terminar un noviazgo de dos años; después de la ruptura, el joven decidió ir a mi casa y sacarme a la fuerza a punta de arma por la noche, él estaba teniendo pensamientos suicidas. Me llevó al parque cerca de mi casa y se apuntó en la cabeza delante de mí. Solamente recuerdo pensar: «Dios, no permitas eso, por favor». En mi falta de conocimiento y experiencia, Dios colocó palabras que hicieron volver a este joven en sí y mi familia logró llegar a tiempo. Mi papá habló con la madre de este joven y decidieron ponerse de acuerdo para no ponerle cargos con la condición que no se acercara más a mí. Después de esa experiencia, mis padres se pusieron de acuerdo para sacarme del país e irnos a vivir con mi mamá a Miami.

UN NUEVO COMIENZO

Habíamos visitado Miami antes, pero esta vez todo era muy diferente. No conocía a nadie, no hablaba inglés y el sistema escolar era totalmente diferente al que conocía. En medio de todo lo nuevo, sentía un gran alivio de vivir con mi mamá y que pudiéramos empezar de nuevo. Llegamos a un apartamento en la pequeña Habana, la Siete Calle del Sudoeste; podíamos caminar a la bodega en la famosa Calle Ocho y explorar mi hermana y yo las famosas panaderías cubanas. Aunque estábamos en el sudoeste, me correspondía ir a una escuela de la que todos hablaban muy mal porque estaba localizada en el área de Allapattah.

Mi mamá trató de mil maneras que no quedara en esa escuela, pero era la que correspondía a nuestro sector. Como muchos adolescentes me llamo aún más la atención esta escuela porque me decían que no debía ir ahí, de cierta forma me invadía la curiosidad y el averiguar por qué la mayoría no recomendaban esta escuela. Llegue a la conclusión que no era recomendada por causa del sector donde se encontraba, la demografía de sus estudiantes y la falta de conocimiento del desempeño de esta escuela en la comunidad. A mí me llamaba la atención Miami Jackson Senior High, le pregunte a una de las clientas de la peluquería y ella nos animó a ir a ver la escuela. Su hija se había graduado ahí y esta señora hablaba muy bien de su experiencia, ella me aconsejo " Tu pon de tu parte, aléjate de lo malo y has un gran esfuerzo. Esa escuela tiene muy buenos maestros y si tú eres buena estudiante no tienes nada que temer". Mi mamá fue a registrarme, y para su sorpresa, las señoras que le atendieron aunque no hablaban español, como en la escuela que ella quería, le ayudaron a completar todos los documentos y buscaron a un consejero que hablaba muy bien el español. El consejero fue firme y nos dijo:

—Es muy difícil que se gradúe sin un buen inglés, por lo difícil del examen estatal; pero si se esfuerza, creo que lo puede lograr. Si no pasa ese examen, no podrá graduarse. Le vamos a permitir quedarse en el último año, pero no hay ningún problema si le toca repetir el doceavo grado.

Fue un año de mucha dedicación y de mucha fe, pidiendo toda la ayuda a Dios para avanzar en la escuela. Creo que Dios ha colocado en mí algo especial: un botoncito de marcarle directo a Él cuando las personas me dicen: «Es difícil», «Es imposible», «No hay cura», entre otras cosas. Le agradezco a Dios porque aun cuando no le conocía, utilizaba el regalo de fe que Él me ha dado. Un versículo muy conocido con el que Su Palabra me ha invitado a activar esa fe es el siguiente:

«Jesús los miró y les dijo:
—Humanamente hablando es imposible,
pero para Dios todo es posible.»
Mateo 19: 26 (NTV)

Mi mamá trabajaba arduamente y pagaba un autobús privado porque el que había asignado la escuela tenía una parada muy lejos del edificio; ella quería cuidarnos, y quizá eso pareciera insignificante o alguien quizás piense que era su deber; pero para mí significó mucho porque por primera vez estaba viviendo con mi mamá a tiempo completo; éramos una pequeña familia y aunque las comodidades con las que crecimos en Nicaragua ya no existían, en este nuevo lugar nos teníamos la una a la otra. Dormía en la sala del apartamentito que gracias a Dios mi mamá había podido adquirir y arreglarlo con mucho amor para nuestra llegada. Era la primera a quien buscaba el autobús y la última a quien dejaba. Mi mamá bajaba conmigo a las 5:30 de la mañana para acompañarme. Eventualmente, en este autobús conocí a mi primer esposo. También era un estudiante del último año de secundaria y a pesar de haber llegado a Miami mucho antes que yo, estaba fallando en sus clases; casi no iba a la escuela y le tocó —al igual que a mí— esforzarse mucho para graduarnos el siguiente verano. Aunque ambos nos estábamos esforzando por alcanzar lo mismo, las razones eran muy distintas, pero nos encontramos en la misma lucha. Él me invitó a ir al baile de graduación y oficialmente empezamos a salir, conocernos y hacer planes en común. Con el tiempo logramos nuestro objetivo. Al finalizar la escuela, él se enlistó en las Fuerzas Armadas con servicio activo en La Marina de los Estados Unidos, y yo empecé la carrera de ciencias políticas en el colegio comunitario de Miami Dade.

LOS AMORES PELIGROSOS

Mi experiencia en los Estados Unidos me enseñó que puedo permanecer enfocada en un futuro esperanzador aun en medio de muchos obstáculos.

Al igual que muchos jóvenes inmigrantes, yo no tenía un seguro social ni la menor oportunidad de utilizar las becas que había recibido con mucho esfuerzo. Muchas cosas han cambiado y hoy hay organizaciones que ayudan a los estudiantes hispanos en esa situación; pero hace 23 años eso no existía en el sur de la Florida; la ayuda estaba organizada por grupos de diferentes países, pero hoy día es un fondo para latinos de todas las nacionalidades. Como muchos estudiantes que deciden enlistarse en la Fuerzas Armadas, también quería ayudar a mi mamá pues ella estaba trabajando arduamente para pagar por mi educación. Mi hermana y yo le ayudábamos en su trabajo de peluquería y en casa; pero la frustración económica fue aumentando y empezó a afectar nuestra relación. Ni mi hermana ni yo estábamos interesadas en seguir sus pasos como estilistas, ninguna cedía a planes que ella había hecho para nosotras y eso solo aumentó el estrés, las diferencias y mi deseo de salir de casa; tal y como lo habían hecho mis padres buscando una vida diferente.

Mi novio veía mi situación y ofreció ayudarme a salir de casa; cuando él se graduara del entrenamiento militar podríamos casarnos y hacer una vida juntos. Son las ideas que suelen surgir entre los jóvenes que buscan una solución según su propio entendimiento de la vida y dependiendo de la edad que tengan, algunos reciben consejos pero otros no. Muchos jóvenes tienen la facilidad de hablar con sus padres y exponer lo que piensan y sienten, mas otros no, y eso me lleva a pensar en la misma forma en que resolvía mis problemas cuando me sentía huérfana en mi infancia. Estaba ahora sin mis padres en la adolescencia y no estaban disponibles emocionalmente. Sentía que caminaba sin rumbo usando mi propia brújula; buscaba que me ayudaran pero nadie pausaba para ver que había en mi mente y corazón; pensaba en mi necesidad y no veía consecuencias a largo plazo; vivía en la búsqueda de ser amada y me quejaba y enojaba ante los problemas en casa usando fielmente la máscara de la rebeldía y el enojo. Esta relación terminó en divorcio, lo cual es lo esperado cuando los matrimonios se forman por razones diferentes al ideal de comenzar una vida matrimonial basados en una visión juntos de pareja con raíces en el amor y respeto mutuo.

Esta experiencia en específico me ha motivado a establecer, con la ayuda de Dios y mi esposo Mario, el ministerio Matthew 20 donde apoyo como mentora y consejera de jóvenes, adultos y familias. En mi práctica, utilizo intervenciones psicológicas, sociales y espirituales para que junto con los jóvenes que atiendo, podamos trabajar en descubrir, mantener y fortalecer la identidad con la que han sido creados y no la que la vida les fue vendiendo a lo largo de sus procesos, errores, traumas y situaciones familiares.

LA RELACIÓN CON MI MADRE

Creo fielmente que el respeto a nuestros padres es un mandato divino; sé también que Dios nos llama a no llevar a ira a nuestros hijos. Siendo esto un mandato, nos da a entender que no es siempre fácil lograrlo. Este balance es imperativo para una relación saludable entre hijos y padres pero no siempre se vive en nuestros hogares. Mi madre siempre ha sido muy trabajadora, pero esa dedicación al trabajo eventualmente se convirtió en un afán. Seleccionar tiempo para compartir en familia no era una de sus prioridades. A pesar de vivir en una de las ciudades más famosas del mundo no salíamos a divertirnos, teníamos un ciclo repetitivo: escuela, peluquería y de vuelta a casa para empezar de nuevo. Fue a través de la escuela que conocí lugares diferentes y a través de mi participación en el programa del Army, ROTC que logré salir de paseo y conocer diferentes partes de la ciudad y del estado de la Florida. Empecé hacerme la ilusión de ser parte del ejército de Estados Unidos, y aunque no tenía documentos de residencia, tenía la motivación de trabajar duro y lograr incorporarme en el ejército un día. Comencé a buscar información para enlistarme y el reclutador del cuerpo de Marina vio el deseo de servir y me ayudó a obtener una guía de cómo procesar mis documentos; para ese entonces ya habíamos sometido aplicaciones al departamento de inmigración. Tuve que esperar mucho, pero después de esa espera logré enlistarme en la Armada de los Estados Unidos con servicio militar activo.

Se puede decir que mi historia de cómo llegué a Estados Unidos es muy parecida a lo que hoy conocemos como «los soñadores», o en inglés The dreamers, en realidad yo no decidí venir, en Nicaragua había logrado ser parte del liderazgo estudiantil y comunitario; fue muy duro dejar a mis amigos, mi escuela, todo lo que conocía y vivir a un lugar donde tenía que empezar de nuevo con muchas limitaciones y temores. Sé que Dios está en control de nuestras vidas y puedo ver que ha utilizado todo para mi bienestar y el de mi familia. En la vida de inmigrante fue como verdaderamente conocimos a Dios; y en medio de nuestras imperfecciones y diferencias sabemos que podemos depositar nuestros problemas en sus manos.

Ha sido a través de los obstáculos y las carencias físicas, económicas y emocionales que hemos conocido a Dios, no solo por lo que nos da sino por el Padre amoroso que es.

Mi madre era quien proveía la mayor parte de lo que consumíamos en casa y todo lo que tenía que ver con nuestro cuidado. También fue ella quien tuvo que afrontar los gastos migratorios para darnos la oportunidad de adquirir un estatus y avanzar. Mis frustraciones, las de mi mamá y los conflictos emocionales sin resolver dieron lugar a una relación turbulenta entre nosotras. Discutíamos mucho, sentía mucho enojo hacia ella y no entendía por qué; empecé a usar la máscara de la rebeldía y en lugar de expresar lo que de verdad sentía: ese deseo de ser amada por mis padres y de tener una vida en la que se involucraran, no solo proveyendo cosas materiales sino brindando un amor genuino y no por obligación o que dirán de mí como padre o madre. Muchas veces las personas me han confesado en sesiones con respecto al tema de relaciones con sus padres que lo que más les entristece es cuando han percibido que alguno de sus padres tiene la actitud de «deben amarme porque les he dado todo», «deben tomar mi opinión en cuenta y hacer lo que les digo porque me he sacrificado por ustedes», sin tomar en cuenta los sentimientos de sus hijos. En mi caso, mis padres inconscientemente tendían a ignorar mi dolor y eso me llevaba al enojo. Percibía que mi madre estaba concentrada en sus sueños y nos estaba preparando para que fuésemos su ayuda a realizarlos. Se concentraba en extremo en el qué dirán y en asegurarse que no fuésemos a hacerla pasar por ningún tipo de vergüenza, dando lugar a ocultar muchas cosas, entre ellas el hecho que yo en realidad había sido criada por mi abuela. No le gustaba que hablara al respecto porque si lo hacía me reclamaba por qué quería hacerla ver como una mala madre y me acusaba de resentirla.

Parte de los obstáculos en la relación con mi madre han sido falta de un vínculo fuerte de confianza y expresiones de amor acompañado de la comunicación de una sola vía. Cada vez que trataba de abrir mi corazón y expresar mis inquietudes con ella o simplemente quería hacer una pregunta acerca de mi nacimiento o infancia se convertía en un detonante y ella utilizaba mecanismos de defensa para evitar responder y hablarme de mi historia. Nunca he estado interesada en juzgarla pero sí en saber la verdad para comprender y sanar de muchas cosas que me han afectado a lo largo de mi vida. Culturalmente hablando, los hispanos tenemos una alta presión para presentarnos como padres perfectos e inaccesibles, muchas veces la frase «Respétame» se emplea como un escudo para evitar las conversaciones difíciles, arreglar problemas relacionales o poner límites saludables. He aprendido que Dios nos enseña a respetarnos y amarnos mutuamente a ser un reflejo de su amor y misericordia para con nosotros.

Quizá hayas visto en una cita médica cómo el profesional de la salud evalúa tus síntomas para llegar a una conclusión, dar un diagnóstico y así tratar la condición física que te afecta. Lo mismo ocurre con la salud mental, en este caso, aunque varias personas estén pasando por ansiedad, traumas y dolor emocional no quiere decir que todos pasaron por las mismas situaciones; sin embargo, es necesario encontrar la raíz emocional que lleva a las reacciones de comportamiento que nos están afectando en nuestros relaciones con los demás. Para entender un poco más cómo he podido relacionarme con otras mujeres que han pasado por relaciones difíciles con sus madres te mostraré algunos ejemplos de patrones de comportamiento que han afectado a muchas personas y les han impedido establecer un vínculo emocional saludable entre madres e hijas. Los hijos no están excluidos de experimentar este tipo de relaciones; mi trabajo ha sido mayormente con mujeres que están sanando de estas relaciones y trabajando en la restauración emocional y espiritual.

PATRONES TÓXICOS ENTRE MADRES E HIJAS

1. **Madres autoritarias:** Pueden ser madres inflexibles y obstinadas en ciertas expectativas con un enfoque en la fijación en roles tradicionales de género. «No te estoy criando para que te cases con alguien que no esté a tu altura social», «El hombre debe mantenerte aunque le cueste, para eso es hombre», «»De nada te va a servir la universidad si tu rol es estar en casa». La madre autoritaria tiene la tendencia a actuar violentamente cuando se siente desautorizada o desobedecida.

2. **Madres dependientes:** En esta relación son las hijas quienes proveen cuidado en exceso de sus madres, muchas veces desde la infancia. Esto lastima la relación entre madre e hija pues se invierten los roles y se genera

una sobrecarga en relación a las tareas asignadas a las hijas. Suele suceder en madres jóvenes con muchos hijos y la hija mayor se hace cargo de la familia; también ocurre en hogares donde hay dependencia de alcohol y narcóticos.

3. Madres controladoras: La madre tiene dificultad en aceptar y reconocer la autonomía de sus hijas. Son personas que no permiten que ellas tomen decisiones ni que se afirmen en su identidad. Este comportamiento genera baja autoestima e inseguridad en las hijas.

4. Madres con vínculos ambivalentes: Generalmente, madres pasivo-agresivas en su estilo de comunicación: algunos días son amorosas y consideradas, otros días son indiferentes o crueles en sus palabras. Este tipo de trato genera incertidumbre, temor y desconfianza en las hijas pues nunca sabes con quién vas a encontrarte cuando se busca a mamá.

5. Madres narcisistas: Por experiencia profesional debo admitir que este es el patrón de relacionamiento que más predomina en las terapias de grupos de apoyo. Este tipo de madres puede ver a la hija como una proyección de ellas mismas, como un extensión de su vida. Se reflejan en la identidad de sus hijas y quieren construir por completo lo que es mejor para ellas desde su perspectiva y sin la opinión de sus hijas, impidiéndoles así un desarrollo interior en el intento de construir la versión ideal, llevándolas a una profunda frustración, ansiedad y depresión, lo cual lastima su autoestima.

6. **Madres con tácticas de menosprecio:** Estas madres suelen hacer sentir a sus hijas insignificantes, haciéndoles dudar constantemente de sus capacidades y talentos, generando así sentimientos de inseguridad y temor para enfrentar nuevos retos con la falsa creencia de que todo lo que hacen está mal: «No sirves para nada», «No haces nada bien». La hija se obsesiona por hacer las cosas para agradar a su madre, sabiendo en el interior que nada de lo que haga agradará a su madre, pero tomando el riesgo de la burla y el menosprecio con tal de ser aceptada por ella.

7. **Madres invasivas:** En esta relación entre madre e hija usualmente no existen límites saludables y cuando se aplican no son bien recibidos, lo cual genera conflicto. La madre no acepta que su hija adulta tome decisiones por su cuenta sin incluirla. Puede llegar a usar tácticas de manipulación emocional. Este tipo de relación afecta la confianza y el respeto entre las dos partes.

8. **Madres emocionalmente distantes:** Esta relación se caracteriza por la falta de muestras de cariño, tanto emocional como físico. No hay caricias ni abrazos e incluso no hay palabras afectuosas ni manifestación amorosa, lo cual provoca una desconexión emocional que desencadena secuelas en la adultez, como la capacidad de conectarse emocionalmente con los demás o el otro extremo: dependencia emocional excesiva que busca el amor para llenar el vacío emocional.

Es importante identificar este tipo de patrones para reparar el vínculo y evitar repetirlos en la relación con nuestros hijos. Considero muy importante pasar tiempo individual con nuestros hijos; interactuar con ellos según sus intereses, personalidades y habilidades.

No existen las madres perfectas y todas cometemos errores; de hecho, no creo que exista ninguna persona perfecta, pero he aprendido que cuando transformamos los errores y las derrotas en lecciones de aprendizaje podemos llegar al éxito en cualquier situación. Mi objetivo al explicar esos años de la relación entre mi madre y yo no es juzgarla ni reclamarle por cómo se han hecho las cosas. Nuestra relación continúa bajo un proceso de cambios, terapia y consejería para establecer límites saludables, conocernos más y entender las cosas que Dios ha transformado y continúa cambiando en nuestras vidas. Dios nos ha ayudado a ver que lo que nosotras vivimos fue el resultado de una vida llena de traumas sin resolver que han sido transferidos por muchas generaciones. Mi madre también tuvo una infancia traumática marcada por el abandono de un padre, el rechazo y el abuso emocional de su madre y muchas otras cosas. Mi hermana y yo, con la ayuda de Dios, decidimos romper con esos patrones de sufrimiento emocional, malas decisiones y alejamiento de Dios. Hemos decidido perdonar y pedirle a Dios que nos llene de Su amor para poder dar misericordia tal como Él nos ha dado al transformarnos de huérfanas a hijas.

Hoy día tengo una hija adulta, uno adolescente y dos en la infancia. Aprovecho las rutinas cuando manejamos a la escuela para preguntarles qué les preocupa, qué les motiva y qué les gustaría que hiciéramos juntos. Mi hijo Joshua juega fútbol americano, y confieso que no es un deporte del cual conozco mucho; continúo aprendiendo, así que me he puesto a la tarea de ver explicaciones en YouTube para platicar con él y disfrutar los partidos cuando vaya a verlo jugar. También me compré un juego de tarjetas de trivia acerca de la historia del fútbol americano y cómo se juega. Muchas veces va a ser necesario que invirtamos en los intereses de nuestros hijos. En una de nuestras salidas a comer me emocionó ver su cara de sorpresa cuando le dije:

—¿Puedes explicarme las diferentes funciones de los jugadores y la posición que tú juegas?

Y empezó a hablar con mucha alegría y como todo un experto corresponsal deportivo. Me sorprendió lo importante que este deporte es en su vida. Otro de los intereses de Joshua es la lucha libre y es miembro de su equipo en la escuela; ese deporte lo entiendo mucho mejor pues en Nicaragua es muy popular y siempre me gustó atender a los eventos de lucha libre.

Mi hija Daniela está en la universidad, tiene metas y objetivos que comparte conmigo; he aprendido que escucharla es algo que nos ayuda mucho a conectarnos y hacer crecer nuestra relación. Daniela es asertiva y si algo le molesta o no se siente cómoda con ello, lo expresa. Me siento agradecida con Dios porque puedo ver como Él ha ido transformando nuestros corazones y ayudándonos a interactuar mejor. Daniela es determinada, trabajadora y enfocada en sus tareas, siempre me ha ayudado con sus hermanos, pero he mantenido ese límite de no darle mucha responsabilidad con ellos. Hemos tenido momentos duros en su adolescencia y después de que presenció el divorcio de sus padres. Dios ha guardado su corazón; y algo que nos ha ayudado mucho es hablar con la verdad, sin juicios y sin reproches, manteniendo el respeto mutuo. Me he enfocado en no repetir con ella lo que yo he vivido, siempre le he recordado que puede hacerme preguntas sin temor acerca de mi vida, que hay temas difíciles pero que podemos navegar juntas. Me he mostrado vulnerable, he llorado delante de ella, ha sido testigo de mis procesos y las victorias de Dios en mi vida.

Mi hijo menor y yo somos muy cercanos; y como muchos niños en la escuela primaria, está empezando a descubrir su entorno, sus habilidades y sus intereses. Mario asegura que Dios lo escogió para ser un hermano mayor, y fue la persona más feliz cuando se enteró que su hermana Génesis venía en camino. Disfruta enseñarle todo lo que él está aprendiendo en la iglesia y en la escuela. Se llena de alegría cuando Génesis hace algo que él le enseñó, y ella se siente amada por sus hermanos pues todos quieren cuidar de ella; en ocasiones debo recordarles que debemos enseñarle a hacer cosas por sí misma. A su corta edad, ella ha aprendido a identificar que su relación con sus hermanos es cercana y sabe a quién acudir en caso que necesite algo. Para mí es muy importante promover la unidad entre mis hijos, Dios se agrada en que los hermanos permanezcan unidos y disfruten tiempo juntos. Debido a la cercanía de edades puedo ver en Mario y Génesis esa unidad, y mi corazón se llena de alegría al verlos, lo cual me ayuda a entender lo que Dios espera de mí en mi relación con mi hermana y con otras personas.

Me refugio en las promesas de Dios y puedo descansar sabiendo que todo lo que aún falta por resolverse está en Sus manos y bajo Su control. Confío en que nuestros corazones serán totalmente transformados, sanados y perfeccionados por quien estuvo dispuesto a entregar su vida para que pudiéramos conocer el amor del Padre en nuestras vidas. Jesús derrotó toda barrera entre nosotros y Dios Padre. Hoy tenemos acceso directo y podemos confiar en que el Padre cuida de nosotros. Recuerdo el día en el que mi corazón rebelde fue recibido por mi Padre, ese día le entregué mi orfandad y Él susurro a mi corazón: «Te he llamado por nombre, mía eres tú» (Isaías 43:1). A los pocos días, mi hermana, a quien amo mucho, me trajo un regalo con ese versículo. Mi Padre me estaba confirmando que yo soy Su hija y que una nueva vida había comenzado.

Dios promete en Su Palabra que Él hará volver el corazón de los padres hacia sus hijos y el corazón de los rebeldes al camino de la justicia para preparar a un pueblo dispuesto (Lucas 1:17)

CAPÍTULO 5
LA IDENTIDAD

La identidad personal es el conjunto de rasgos característicos de un individuo, como las actitudes, los talentos y habilidades, nuestro carácter, nuestro temperamento, las virtudes, nuestra fe, y el concepto de uno mismo todos los cuales nos permiten diferenciarnos de los demás y así reconocer nuestra individualidad y personalidad.

Los traumas de la infancia y la adolescencia afectan a las personas a través de nuestras vidas. Según el Instituto Nacional de Salud Mental, los traumas se definen como uno o varios eventos emocionalmente dolorosos o angustiantes que experimenta una persona los cuales pueden originarse en la infancia. A menudo, los traumas resultan en efectos mentales y físicos duraderos1. Algunos de estos son visibles en nuestras emociones y relaciones.

La identidad de un adulto tiende a estar bien marcada por el autoconcepto, el cual puede ser afectado por los traumas y las circunstancias que han acontecido durante las etapas de desarrollo anteriores a la adultez. En este capítulo encontraremos cómo muchas de las experiencias vividas construyen y forman nuestro carácter y nuestra personalidad, los cuales son piezas claves para la formación de nuestra identidad. Analizamos la identidad social y la identidad en Dios, esta última es la clave para renovar nuestra mente, la que nos ayuda a ser una nueva persona en base en las promesas de Dios para nuestras vidas y no en los conceptos sociales establecidos que están diseñados para promover el materialismo, y así definirnos por lo que poseemos o tenemos y no por quienes realmente somos. En Dios, lo más importante no es tener cosas sino ser alguien, definirnos como Sus hijos, creer que Él ha establecido un plan para nuestras vidas y no nos abandonará en el intento de encontrarnos; Él nos ayudará hasta que esa transformación sea completa.

El concepto de identidad tiene su origen en las investigaciones del psicoanalista americano-alemán Erik H. Erikson (1902 – 1994). Erikson definió que la formación de la identidad es una de las partes más importantes del desarrollo humano2. Erikson afirmó que hay momentos en la adolescencia que contribuyen a la construcción del yo. La adolescencia es el momento de la construcción de la personalidad, es una etapa en donde se eligen y se forman ideas que se convertirán en parte de nuestra personalidad e identidad. Es la etapa de vida en la cual nos definimos, renunciamos, aceptamos y hasta nos pronunciamos en favor o en contra de ideas o valores. Los jóvenes empiezan a comprender los compromisos, la responsabilidad y la visualización de un futuro para sus vidas, empiezan a buscar un empleo, afirmar o rechazar la religión, amistades, relaciones de pareja, su posición dentro de la familia, la sociedad, la política y la iglesia. La construcción de un yo débil, sin apoyo emocional y sin raíces, provoca la imposibilidad de crear relaciones sanas y positivas para las personas en la adultez.

Muchos jóvenes pierden las esperanzas al ver que su situación actual los limita de pensar en metas y sueños. Se ven en desventaja ante otros jóvenes que tienen a ambos padres en casa o gozan de una posición social que les otorga mayores privilegios y oportunidades. Estos jóvenes pueden llegar a experimentar depresión y ansiedad al tener sueños, metas y objetivos que su realidad actual presenta como algo imposible de alcanzar.

Cuando trabajé en el lado oeste de San Antonio vi que aunque no todos los factores sociales están establecidos las siguientes situaciones son de gran influencia para un adolescente y pueden llevarlo del optimismo al pesimismo: Padres experimentando divorcio, casos pendientes con la corte juvenil, un hogar donde mamá está a cargo de todos los gastos y es la única que trabaja, dificultad económica, falta de apoyo emocional, falta de participación en actividades deportivas y recreacionales. He visto que estas circunstancias contribuyen a trastornos de salud mental en los niños y adolescentes, y son más comunes de lo que pensamos.

Para darnos una idea podemos ver que en trabajos investigativos conducidos por la National Alliance of Mental Health Illness (NAMI), el 50 % de todas las enfermedades mentales de por vida comienzan a los 14 años; y el 75 % a los 24 años3. La depresión, ansiedad y otras condiciones de salud mental pueden tener diferentes orígenes; pero las cifras alarmantes que van en aumento nos demuestran que existen varios factores —algunos de ellos mencionados anteriormente— que debemos monitorear en nuestros adolescentes. Considero de suma importancia observar las dinámicas familiares e implementar programas educativos que puedan ser de ayuda para nuestros jóvenes y sus familias en diferentes áreas de sus necesidades.

NECESIDADES DEL SER HUMANO: JERARQUÍA DE MASLOW

La jerarquía de Maslow es una teoría que define cómo están estructuradas las necesidades del ser humano. Abraham Maslow creó una pirámide para mostrar el orden en secuencia de estas necesidades y las organizó de la siguiente manera:

1. **Necesidades fisiológicas:** Vivienda, vestido, higiene, medicinas y garantía de supervivencia.

2. **Necesidad de seguridad:** Las personas tienen necesidad de sentirse resguardadas de daños físicos, emocionales, etc.

3. **Necesidades sociales:** La necesidad de ser aceptados, amados, relacionarse con otras personas y de ser aceptados como individuos; en esta categoría es muy importante la necesidad de *pertenencia*.

4. Necesidad de reconocimiento: Las personas tienen la necesidad de que se reconozca su trabajo y sus aportes. Esto lleva a las personas a desarrollar autorrespeto, confianza en sí mismos y autonomía.

5. Necesidades de autorrealización: Último nivel en la pirámide de Maslow y usualmente el más deseado de alcanzar. Necesidades de desarrollo personal. El ser humano busca desarrollar al máximo su potencial. Las personas tienen necesidad de poner en práctica su conocimiento. Desean alcanzar objetivos, interés profesionales y personales. Incluye la necesidad de expresarse, ser escuchados y ser creativos.

La Jerarquía de Maslow es un punto de partida que se utiliza para elaborar intervenciones exitosas, yo las he utilizado y he podido ver el impacto que sucede sobre todo cuando los jóvenes aprenden a cubrir la necesidad de ser amados, es por esto que yo colocaría la necesidad de conocer a Dios como la número uno, ya que conocer el amor de Dios nos lleva a sentirnos amados, aceptados y el sentido de pertenencia como hijos de Dios. Existe una gran posibilidad de impactar la identidad de muchos jóvenes cuando centros comunitarios con misiones, visiones y valores establecidos en Cristo se unen para cubrir necesidades inmediatas y a su vez brindan apoyo emocional y espiritual a jóvenes que buscan amor, aceptación y dirección. Jesús nos mostró en muchas ocasiones que la provisión espiritual precede a la física —como en el caso del milagro de los cinco mil (Mateo 14:13-21)—; y también nos recuerda que nada es imposible para Él. Cuando las necesidades en la jerarquía de Maslow no son correspondidas puede nacer la desesperación y la falta de esperanza. Cada uno de los seguidores de Jesús está llamado a ayudar a otros, a trabajar en unidad y a ser luz en la oscuridad, esto incluye la vida de las personas que están pasando por dificultades.

Jesús nos enseña que podemos caminar por fe y no por vista. Quizá en momentos nos encontremos como el joven de la historia, con algunos peces y unos cuantos panes, y lleguemos a pensar: «Solamente tengo esto que ofrecer; no me es posible alimentar a cinco mil con lo que tengo». Pero quiero decirte que cuando decidimos creer, todas las cosas son posibles. En nuestra comunidad hemos abastecido a familias con artículos de primera necesidad con ayuda, colaboración y patrocinio de nuestro supermercado local y pequeños negocios. Hemos apoyado a centros comunitarios con la apertura de clósets comunitarios donde los niños, jóvenes y adultos pueden seleccionar lo que necesitan sin costo, despensas para estudiantes universitarios y ayuda emocional y financiera para padres solteros. Algunos de nosotros coordinamos la colaboración comunitaria y los diferentes ministerios se organizan para llevar despensas y otros artículos a quienes lo necesitan aprovechando la oportunidad para también llevar el pan espiritual a todos los que deciden adoptar una nueva identidad en Dios.

Aprendemos que el Creador de todas las cosas es dueño de nuestro destino y que todo es posible cuando caminamos agarrados de Su mano victoriosa. He visto vidas de jóvenes transformadas con nuevas mentalidades entendiendo que nuestro origen no determina nuestro destino, con Dios a nuestro lado las metas no son imposibles de alcanzar y los sueños se cumplen. En la consejería cristiana muchos jóvenes aprenden acerca de la vida de Jesús en su juventud, podemos ver que siempre tuvieron una cercanía con el Padre Celestial.

Jesús no tuvo que desarrollar un *súper yo* o un *yo fuerte*, Él tenía una identidad firme en el Gran Yo Soy y estableció una comunicación con Él. Esta comunicación, dirección, protección y provisión lo llevaron a cumplir su propósito y vivir una vida, aquí en la tierra, agradable ante los ojos del Padre. Dios mismo testificó de ello: «Este es mi hijo amado en quien tengo complacencia» (Mateo 3:17).

Hay una transformación evidente cuando le enseñamos a nuestros jóvenes a seguir la dirección y ejemplo de Jesús, quien nos ha dado todos los beneficios del amor y la gracia del Padre a través de su sacrificio por todos nosotros.

CARÁCTER, TEMPERAMENTO Y DISCIPLINA

Después de entender las necesidades básicas, es importante actuar y hacer nuestra parte para desarrollar nuestra identidad en las diferentes etapas de nuestra vida. Una gran parte de la identidad es el carácter, pero el carácter no es el temperamento de una persona. El carácter es el conjunto de rasgos, cualidades o circunstancias que indican la naturaleza y la manera de pensar de una persona5. El carácter contribuye a la distinción de nuestra identidad en los diferentes grupos o etapas que atravesamos. Temperamento y carácter son términos totalmente diferentes. Quizá hayas escuchado la expresión: «Se enoja fácilmente, tiene un carácter fuerte», eso en realidad no es un carácter fuerte sino un temperamento fácilmente movido al enojo o la ira por detonadores emocionales.

Aprender cualidades de carácter que necesitan ser modificadas o reestructuradas da paso al inicio del encuentro con nuestro verdadero yo basado en los planes y propósitos que van de acuerdo al diseño original de Dios para nuestras vidas. Una vez que descubrimos las áreas a ser transformadas requerirá de disciplina y enfoque para lograr el cambio que deseamos alcanzar. La idea no es que descubramos quiénes somos para ser mejores que los demás, sino encontrarnos a nosotros mismos y transformar comportamientos, hábitos y emociones dañinas que bloquean nuestro avance y crecimiento hacia una mejor versión de acuerdo al plan de Dios. Durante este proceso se desarrolla el cambio del concepto de nosotros mismos, porque el concepto de Dios no cambia. Las habilidades y talentos que tienes son parte de Su plan. Al contar nuestra historia ayudamos a otros a iniciar el viaje rumbo a una nueva persona llena de la identidad de Dios en nuestra vida, alma y corazón.

Encontrar tus intereses te llevará a completar proyectos y retomarlos con responsabilidad, disciplina y dedicación, tomando el control de tus decisiones, sabiendo que estas tendrán consecuencias las cuales te acercarán a tus metas o te desviarán de ellas. Llegamos a tener una identidad firme cuando podemos vivir sin culpar a los demás. Ya no estaremos atrapados en las decisiones que otros tomaron por nosotros.

Encontrar tu identidad te mostrará que has vivido cosas que no elegiste, pero que como sobreviviente de hechos traumáticos has logrado llegar a un punto donde ya no dependes de las decisiones que tomen los demás para dirigir tu vida, dependes solamente del cuidado del

Padre y de su dirección para cambiar tu historia y llegar a obtener sanidad emocional encontrándote a ti mismo pero primeramente teniendo un encuentro íntimo con tu Padre Celestial.

La Palabra de Dios nos ayuda a transformar conceptos equivocados y creencias erróneas que tengamos de nosotros mismos. Nuestra identidad puede ser afectada en gran manera por nuestra apariencia física, necesidad especial o limitación causada por una discapacidad temporal o permanente. Los jóvenes son muy conscientes de su aspecto físico y pueden dar gran importancia a su apariencia y la de los demás. Un versículo muy popular entre los jóvenes que participan en grupos de apoyo es 2 Timoteo 1:7 que nos recuerda que por encima de todo miedo a no ser aceptados o recibir críticas por una limitación o discapacidad está el poder del Espíritu de Dios quien nos ayuda a esforzarnos, ser valientes y tener dominio de nuestras mentes lo que nos enfoca en las cosas que son verdaderamente importantes.

«Pues Dios no nos ha dado un espíritu de temor y timidez sino de poder, amor y autodisciplina.»
2 Timoteo 1:7 (NTV)

En el plan original de Dios, Él nos dio voluntad y poder de decidir por un espíritu sin temor, un espíritu que puede llenarse de su amor y nos brinda la capacidad de autocontrol, el cual es sumamente necesario para el manejo de nuestras emociones.

El apóstol Pablo le escribe al joven predicador Timoteo, le llama hijo espiritual y le habla como un mentor en sus cartas. Pablo se asegura de aconsejarle en todas las áreas y le recuerda que su juventud no es un obstáculo para servirle a Dios. Pablo le menciona varias áreas de su vida, iniciando por comentarle del respeto y admiración que siente por su abuela y su madre quienes le inculcaron el amor a Dios y las enseñanzas bíblicas. Pablo no menciona a un padre en casa, no sabemos las razones; pero repetidas veces le recuerda que en él tiene apoyo, consejo y dirección para vencer obstáculos que vaya enfrentando tanto en su vida personal como ministerial.

Cuando escuchamos buenos consejos y aprendemos el control y dominio de nosotros mismos nos convertimos en personas responsables de nuestro propio futuro y las de las personas que amamos. Dios no nos invita a afanarnos en el futuro: nos invita a confiar en Él, sabiendo que Él está preparando planes de bien para nuestras vidas. Dios tiene un futuro y un propósito eterno para el cual fuimos creados. Descubrir que somos amados por Dios —un Padre quien no solamente nos anhelaba desde antes que naciéramos sino que nos creó con amor y esmero— nos ayuda a construir una nueva identidad de hijos. Me gusta compartir con los padres de familia que nosotros somos, ante los ojos de nuestros hijos, personas de gran influencia y que siempre tenemos una audiencia lista para registrar en sus memorias nuestras cualidades, errores, ejemplos, nuestras conversaciones y nuestra determinación a ser una persona emocionalmente estable con la ayuda de Dios. Nuestros hijos, aunque a veces quizá no lo parezca, están conscientes de los ejemplos de fe que ven en nosotros y la importancia que le damos a nuestra relación con el Padre Celestial. Dios ama a su creación y desea una relación con sus hijos.

NUESTRA IDENTIDAD EN DIOS COMO CREACIÓN

Dios nos conoce desde antes de la fundación del mundo (Efesios 1:4). Tú y yo hemos sido creados a Su imagen y semejanza. Suelo imaginar cómo Dios elaboró cada detalle, cada parte de nuestro ser con un propósito tanto físico como espiritual. En el instante en el que Dios nos creó nos dio nuestra primera identidad: la identidad de *creación*. El Hacedor de todas las cosas se tomó un tiempo especial para hacernos a cada uno con características únicas. Nos entregó regalos que nadie puede quitarnos, se deleitó como un padre espera por su recién nacido. Quiso darle compañía a su hijo Adán pues no era bueno que estuviese solo. Dios creó a la mujer con el mismo amor y delicadeza al igual que el hombre. Creada a imagen y semejanza cada detalle para cumplir con un propósito establecido, nuestro Padre nos amó desde el inicio. Todo lo que Él había creado había sido bueno; sin embargo, cuando creó al ser humano lo llamó «muy bueno», como un padre que se siente realizado al ver a sus hijos tomar ese aliento de vida. Recuerdo cuando mi esposo y yo esperábamos en la sección de maternidad del hospital a nuestro primer hijo; él observaba con anhelo y alegría la cunita que usaríamos para recibirlo en la sala de parto; la alegría de su corazón se reflejaba en su rostro.

Nuestra identidad nos la da Dios. Somos hechos a su imagen, semejantes al Creador del universo. En el Edén, Adán y Eva tenían una relación bien establecida con su Creador. Nuestra relación con Dios es clave para desarrollar nuestra identidad. Todos nacemos con una identidad oscurecida por el pecado, pero Dios anhela restaurarnos para tener una relación con Él y así guiarnos a una nueva identidad semejante a Él. Las personas tienden a crear grupos con características similares que involucran rasgos, historias y factores que los definen, por ejemplo: origen, nacionalidad, razas, culturas y creencias que toman para sí como parte de su identidad. Muchas veces podemos ver la lucha por la aceptación de un grupo o el otro, y la división por clases sociales y origen racial o étnico. El rey Salomón observó estos fenómenos sociales y los anotó en sus escritos en el libro de Proverbios, llegando a una sola conclusión que se resume en este versículo:

«El rico y el pobre tienen un lazo en común: A ambos los hizo el Señor.» Proverbios 22:2 (NBLA)

En nuestra sociedad podemos ver que cuando alguien goza de una alta posición financiera, su origen, nacionalidad y raza se vuelve irrelevante, porque nos dejamos llevar por su puntaje de crédito y sus riquezas resumidas a su poder adquisitivo. Con las riquezas aumentan los amigos, pero al pobre hasta su amigo lo abandona (Proverbios 19:4 NVI). Jesús nos recordó en muchas ocasiones que nuestra identidad no debe estar enraizada en las riquezas; tanto ricos como pobres tendrán el mismo fin. Jesús contaba con seguidores que apoyaron su ministerio económicamente, la identidad de ellos no estaba en lo que poseían sino en el impacto que podían crear usando sus recursos.

SI DIOS SABÍA QUE FALLAREMOS, ¿POR QUÉ NOS CREÓ?

Dios conoce todas las cosas, Él decidió crearnos por amor. Cuando el ser humano decide tener o adoptar hijos, nada le garantiza que el amor que tienen será correspondido, algunos temen no ser buenos padres o no poder dar amor. Sin embargo, Dios nos enseña que en el amor no hay temor, sino que el perfecto amor echa fuera el temor; donde el que teme no ha sido perfeccionado en amor (1 Juan 4:18). El amor de Dios nos mueve a amar a nuestros hijos sin esperar nada a cambio, a darles nuestro tiempo, nuestras fuerzas y nuestra entrega para darles oportunidades a ellos.

Muchas veces, en estudios bíblicos me han hecho esta pregunta: «Dios sabía que fallaríamos, entonces ¿para qué nos hizo?». Dios ha colocado en mi corazón una respuesta a esta pregunta y sé que proviene de Su sabiduría. Dios no se complace con ser amado u obedecido a la fuerza, al entregarnos voluntad propia es un gran regalo de su amor, el escoger entre lo bueno y lo malo, la obediencia o desobediencia siempre han existido desde el Edén. Enseñarles a nuestros hijos acerca de la identidad y el amor de Dios es darles los recursos para evitar que caigan en el engaño de una falsa identidad alejados de Dios.

Satanás también fue creado con voluntad propia, y la Biblia detalla el esmero y amor con el que Dios lo creó, en el libro de Ezequiel 28:11-29. En esta comparación con el rey de Tiro, Dios habla que el corazón se puede llenar de orgullo y detalla que la creación puede revelarse, enaltecerse y creer que el Creador de todo puede ser reemplazado y destronado de nuestras vidas y que podemos darle rienda suelta a nuestro orgullo, soberbia y dejar que haya un completo distanciamiento de Dios, no solo en nuestra vida física sino también en la eternidad. Decidir llenarse de orgullo y autosuficiencia solamente logrará que permanezcamos como creación: sin propósito, dirección y relación con el Padre. El que nos engañó en el Edén logró su propósito con Adán y Eva, pero no logró su propósito con Jesús, el Hijo de Dios.

IDENTIDAD DE HUÉRFANOS

«El ladrón solo viene para robar, matar y destruir.
Yo he venido para que tengan vida y
para que la tengan en abundancia.»
Juan 10:10

En el Edén, el ladrón nos robó nuestra casa, nuestro abastecimiento y sobre todas las cosas, nos robó nuestro caminar con Dios: nos robó al Padre que caminaba y platicaba con sus hijos todas las tardes. Nos dejó huérfanos sin piedad ni misericordia, le vendió a Eva mentira tras mentira y le hizo dudar de la palabra de su Padre; y a Adán le dejo inactivo e inerte, sin habla y sin acción, tal y como sucede con la picadura de una serpiente.

Algunas personas mayores han caído en estafas bien planeadas. Los ladrones se aprovechan de la falta de conocimiento tecnológico, así como el enemigo usó el momento oportuno para estafarnos sabiendo que perderíamos el mayor regalo que podemos tener, nuestro hogar al lado del Padre. A causa de la desobediencia y por confiar en el padre de las mentiras, nos convertimos en huérfanos sin dirección, sin apoyo, siempre a la defensiva, listos para la pelea por sobrevivencia, usando las máscaras para protegernos y mintiendo para ocultar nuestra historia por la vergüenza, la culpa y la herencia de pecado que todos llevamos en este mundo caído. Aun cuando caímos ante el engaño, Dios en Su inmenso amor y misericordia desarrolló un plan para protegernos y salvarnos para la eternidad y para que una vez más pudiéramos escuchar Su voz. Nos rescató de la orfandad y nos convirtió nuevamente en hijos a través del sacrificio de Jesús por nuestros pecados. Jesús verdaderamente vino a restituir todo lo que nos habían robado.

El libro *El caso de la gracia*, escrito por Lee Strobel, relata la historia de una pequeña de Corea del Sur que nació después de la guerra y fue echada de su casa a los cuatro años. Ella aprendió a vivir sola, pasó por privaciones inimaginables, sufrió explotación sexual y fue maltratada físicamente por personas en la calle por no ser completamente coreana. Había nacido de una unión entre un soldado americano y una madre coreana. Una enfermera decidió llevarla a un orfanato; la niña era considerada demasiado mayor para ser adoptada, pero el trabajo le dio comida y un lugar donde quedarse. Una pareja estadounidense la vio y decidió adoptarla. Ella no sabía recibir amor, y cuando el hombre que quería ser su padre le hizo un gesto de cariño, ella lo escupió y salió corriendo. A pesar de ello, la pareja decidió adoptarla y llevarla a casa. La joven pensaba que iba a ser una sirvienta. La pareja le mostró su amor y misericordia, y esta adopción la salvó de muchas formas. Esta niña se dio cuenta de que ellos no la querían para que trabajara en su casa, sino que cuando un vecino le dijo que ella era hija, recién conoció su identidad. Este ejemplo es una ilustración de lo que sucede al creyente. En Romanos 8:15-16 nos dice que fuimos adoptados en la familia de Dios. ¡Podemos gritar con alegría y plenitud: «Somos Sus hijos»!

Podemos decidir quedarnos con la identidad de huérfanos o podemos aceptar el amor del Padre Celestial y adquirir una nueva identidad: la de hijos e hijas. El puente para pasar de huérfanos a hijos es Cristo. No podemos obtener la herencia de salvación, la cual es inmediata, cuando primeramente aceptamos a Jesús como Señor y Salvador: es reconociendo que hemos pecado en este mundo lleno de maldad y confesando a Jesús con nuestra boca. Él nos regala su Santo Espíritu y nos permite así escuchar la voz de nuestro Padre y ser direccionados por Él para recibir Su bendición, amor, gracia y buena voluntad en la carrera de la vida. Cuando empecé a caminar con Cristo, quería tanto escuchar la voz de mi Padre Celestial, absorbía la Palabra del Señor, la estudiaba y oraba para recibir su Espíritu Santo. Compré un libro que habla del Espíritu Santo y me dispuse a hacer uno de los ejercicios de oración del libro para aprender a orar. En este ejercicio debía permanecer quieta y relajada sin decir ni una palabra. Pasaron 40 minutos cuando empecé a tener pensamientos que me estaban desenfocando de la oración y me llevaban a anticipar lo que me iba a decir el Padre. Tantas cosas venían a mi mente y de repente en mis pensamientos hubo mucha paz y quietud cuando escuché: «Te amo, hija mía». Un quebranto de gozo llenó mi corazón; fue una experiencia maravillosa cuando mi Padre Celestial me habló de Su amor. Ese día estuve feliz porque entendí que había pasado de huérfana a hija.

IDENTIDAD DE LOS HIJOS

En la adultez, nuestra identidad está sujeta a distintas facetas de nuestra vida: La identidad de solteros, el cambio que causa el estado civil del matrimonio o el divorcio, la profesión u oficio que decidimos ejercer, nuestros relaciones en diferentes grupos y nuestra fe. Actualmente, Estados Unidos vive una crisis de identidad; un periodo donde se experimenta una serie de dudas profundas. Estas llevan a la persona a un cuestionamiento del sentido de la existencia, y son acompañadas por el vacío y la soledad. Con respecto a esta crisis, no hablo de preferencias o definiciones sociales que pueden cambiar en las personas, me refiero a la falta de amor, orientación, orden y propósito que han llevado a muchas personas a morir por causa de suicidio. La identidad de los hijos está directamente conectada a la de su padre. El censo de Estados Unidos presenta que 18.4 millones de niños (1 de cada 4) viven sin su padre biológico, padre adoptivo o padrastro en su casa. Estudios de investigación comprueban que la ausencia de un padre daña la formación de identidad de los hijos y que la presencia de los padres tiene un impacto positivo en la vida de las madres y sus hijos.

National Fatherhood es una organización que se ha propuesto crear conciencia sobre la importancia de los padres en la familia, la necesidad de colocar a los niños como prioridad aun cuando hay cambios en el núcleo familiar, al igual que ayudar a los padres y madres a cuidar de sí mismos para poder cuidar de su familia. National Fatherhood habla de ocho facetas, y entre estas, me llaman la atención tres de ellas:

1) El costo en la sociedad de un padre ausente. Los padres pueden estar ausentes por muchas razones. Algunas de las que más he observado en la práctica del trabajo social son: Encarcelamiento, divorcio, abandono y problemas de custodia o limitación de visitas por parte de la madre de los niños. Algunas de estas limitaciones son válidas por riesgo de seguridad. Hay ocasiones en las que la nueva pareja de la madre no le permite al padre acercarse, lo cual crea un enorme daño emocional en los hijos y en muchas ocasiones pone en riesgo su seguridad física. La presencia del padre en la vida de sus hijos reduce la presencia de problemas emocionales, ayuda con el rendimiento escolar, reduce el encarcelamiento de los hijos y limita o previene el uso de alcohol y sustancias. Los hijos se sienten seguros, protegidos y amados aun cuando situaciones de vida hayan cambiado repentinamente.

2) Crianza compartida: Numerosos trabajos de investigación demuestran que la crianza compartida trae beneficios de por vida para nuestros hijos. Uno de los más grandes es su influencia en la seguridad del apego al establecer relaciones fuertes entre padres y madres por igual. La coparentalidad es el apoyo mutuo entre dos personas que tienen un mismo objetivo, el bienestar de sus hijos, independientemente de que sean pareja o no, o si se llevan muy bien o mal6. Las actitudes y relaciones de personas al cuidado de los niños son importantes para la vida de un niño o adolescente; la coparentalidad alude a la relación entre los padres con un acuerdo mutuo de cómo van a satisfacer las necesidades de sustento, protección y desarrollo físico, emocional y espiritual de los hijos.

3) El impacto en el bienestar de la mujer: Las madres obtienen una gran cantidad de beneficios cuando los padres participan en el embarazo y en la crianza de sus hijos. La mujer tiene más probabilidad de recibir atención prenatal, es menos propensa a fumar durante el embarazo, menor riesgo de depresión posparto, menor estrés durante la crianza, más tiempo libre tiempo para compartir en pareja, socializar, estudiar y practicar el autocuidado.

La ausencia de los padres en las vidas de sus hijos se puede evitar, ciclos pueden ser rotos y relaciones pueden ser establecidas siempre y cuando sea posible y esté en el mejor interés de los hijos. Podemos revisar múltiples estadísticas, investigaciones y trabajos que son importantes para educarnos acerca de este tema; pero considero de suma importancia educar a nuestros adultos, jóvenes y padres adolescentes para que no repitan actitudes y comportamientos. Debemos enseñarles que se pueden cerrar y eliminar ciclos negativos que han venido de generación en generación afectando sus vidas, educarles acerca de la responsabilidad de la paternidad y mostrarles la verdadera identidad de hijos amados, la cual permite llenarnos del amor de Dios para poder amar a nuestros hijos. Tenemos que explicar el enorme peligro que la ausencia de un padre genera en la vida de los hijos que los expone a un riesgo cuatro veces más alto de vivir en pobreza, tener problemas de comportamiento, riesgo de mortalidad infantil, mayor probabilidad de ir a la cárcel, mayor probabilidad de sufrir abuso o negligencia; la probabilidad para abandonar la escuela es dos veces más alta, y en el caso de las jóvenes la probabilidad de un embarazo en la adolescencia es siete veces mayor. Nuestros hijos deben ser entrenados con la verdad. En la vida se experimentará dificultad, pero el amor de Dios como Padre estará presente en cada una de estas dificultades.

> «Oye hijo mío la instrucción de tu Padre y no desprecies la enseñanza de tu madre, porque adorno de gracia serán para tu cabeza y collares para tu cuello.»
> Proverbios 1:8-9

Jesús escogió obedecer al Padre y permanecer en Él, y así adquirió la victoria para darnos esa libertad que habíamos perdido, pues todos estábamos condenados en ciclos interminables de abandono y rechazo, apartados de nuestro Padre. Tengamos en cuenta que Jesús nos liberó y Su amor perfecto quita nuestros temores y esas experiencias que afectaron la formación de nuestra identidad. Al venir a los pies de Jesús aún hay cosas que continuamos haciendo o enfrentando, estas son parte de nuestra humanidad caída, eso no quiere decir que no somos dignos, perdonados, o aceptados. En Cristo somos hijos e hijas imperfectos, pero amados por un Dios perfecto.

LA IDENTIDAD EN DIOS

Me gustaría aclarar que la identidad en Dios no es perfección, no es una lista de cosas que podemos o no hacer, no es una religión. La identidad en Dios es la restauración del ADN espiritual que el Padre planeó para nosotros desde un inicio, es la identidad basada en el plan perfecto para sus hijos, es también la adquisición de Su Espíritu. Muchas veces, como nuevos creyentes esperamos una transformación completa y perfecta de inmediato; y en muchas ocasiones, Jesús te puede libertar y sanar inmediatamente, pero aún continuarán ciertos hábitos, creencias, temores u otras cosas que Dios permite para que seas procesado poco a poco, crecer espiritualmente y ser la obra finalizada en las manos de nuestro Padre.

La nueva identidad te permitirá nacer de nuevo. Cuando somos llenos de la identidad de Dios queremos ser más como Él, empezamos a tomar decisiones que le agraden —aunque estas a su vez desagradan a muchas personas—, nos llenamos de convicción para hacer lo correcto. Hacemos cambios en nuestra vida sin ser forzados, nos vamos enamorando de Dios y vamos dejando atrás el pasado, el dolor, el vacío y todo lo que nos sujetaba a una identidad que no iba de acuerdo a Su plan para nuestras vidas. Vemos las luchas de los demás sin juicios pues empezamos a dar la misericordia que hemos recibido y podemos ver que todos estamos en la carrera de la vida y que aunque pasen situaciones negativas, Dios está siempre presente dándonos herramientas para sobrellevar obstáculos, dolencias y situaciones inesperadas.

La identidad del reino de Dios no se basa en las riquezas aunque este mundo esté dominado por ellas. A simple vista quizá podamos ver como si la diversidad racial y social, las luchas por igualdad de género entre otras causas sociales son el problema en este mundo, cuando —en mi opinión— todo se limita a si tienes o no dinero. Podemos ver que a una persona considerada parte de la minoría racial se le abren las puertas si es rico, pero a otro de su mismo grupo racial se le cierran si no es millonario. La tierra en realidad no es dominada por las razas, el estatus social y el linaje de la realeza, en sí, es controlada por las riquezas. Jesús nos recuerda constantemente que las riquezas no pueden ser un dios en nuestras vidas y que nuestra identidad no puede echar raíces y tener fundamento en el dinero que poseemos o deseamos poseer. La identidad en Dios va más allá de lo que poseemos en esta tierra. La identidad en Dios nos lleva a enfocarnos en las cosas de los cielos antes que en las cosas materiales. Dios nos ama y tiene promesas maravillosas para sus hijos.

En esta lista encontrarás lo que Dios dice acerca de nuestra identidad:

- Somos amados por Dios (Juan 15:9).
- Somos hijos de Dios (Juan 1:12).
- Escogidos por Cristo (Efesios 1:4).
- Santificados por la verdad (Juan 17:17).
- Justificados por la fe (Romanos 5:1).
- Redimidos y perdonados de todos nuestros pecados (Colosenses 1:14).
- Siervos de la justicia (Romanos 6:18).

- Herederos de Dios (Gálatas 4:6-7).
- Somos hijos de luz, no de la oscuridad (1 Tesalonicenses 5:5).
- Ciudadanos del cielo (Filipenses 3:20).
- Peregrinos en este mundo (1 Pedro 2:11).
- Somos ministros de reconciliación (2 Corintios 5:18-19).
- Somos amigos de Cristo (Juan 15:15).
- Protegidos de Dios (1 Juan 5:18).
- Somos templo del Espíritu Santo (1 Corintios 3:16).
- Escogidos antes de la fundación del mundo. (Efesios 1:4).
- Somos nueva creación (2 Corintios 5:17).
- Estamos libres de condenación (Romanos 8:1).
- Hemos sido creados para buenas obras (Efesios 2:10).
- Amparados por Dios (Hebreos 13:5).
- Fortalecidos el poder del Espíritu Santo (Efesios 3:16).

Jesús compartió con seguridad, firmeza y diligencia que Él había sido enviado por el Padre Celestial. Él estaba muy seguro de su identidad en el Padre, y aunque sufrió burlas, críticas y sufrimiento por llamarse Hijo de Dios, no perdió el enfoque en la misión que Dios le dio de compartir las buenas noticias para que nosotros también pudiéramos conocer al Padre y seguir el camino que nos llevará de vuelta a casa. Jesús nos enseñó a comunicarnos en la oración y nos enseñó que el Padre escucha nuestras peticiones, que Él va a preparar un lugar para que nosotros también estemos con nuestro Padre por la eternidad, y que ya nos ha enseñado el camino para llegar allá.

«Y ustedes no han recibido un espíritu que los esclavice al miedo. En cambio, recibieron el Espíritu de Dios cuando él los adoptó como sus propios hijos.»
Romanos 8:15

Es mi deseo regalarte en este capítulo la siguiente oración, la cual te ayudará a continuar el viaje a una nueva identidad en Cristo. Recuerda, su Espíritu caminará contigo en cada paso y te irá perfeccionando poco a poco hasta finalizar la obra maestra que eres y completar un hermoso plan para tu vida y la de tu descendencia.

«Jesús le dijo: Yo soy el camino, y la verdad, y la vida; nadie viene al Padre, sino por mí.»
Juan 14:6

ORACIÓN

Amado Padre Celestial, reconozco que he pecado, he permitido que mi pasado defina mi identidad y me he alejado de ti al olvidar tu Palabra, tu diseño para mi vida y el regalo precioso que Cristo preparó para mí al entregarse a la muerte como sacrificio para limpiarme de mis pecados. Confieso desde lo más profundo de mi corazón que Cristo resucitó y vive en gloria. Hoy decido regresar a casa Padre. Sé que harás una fiesta en el cielo porque hoy decido entregarte mi vida y mi corazón en tus manos. Hoy te ruego que tomes control de mi vida y me guíes al plan perfecto que tienes para mí como tu hijo (a). Padre, llena mi corazón de amor por los demás, permíteme conocerte íntimamente. Te ruego llenes todo vacío y me permitas perdonar para ser libre y vivir una vida plena para dar testimonio de tu fidelidad, tu amor y tu gracia en mi vida. Decido caminar contigo hasta el fin. Te agradezco y descanso en tus promesas, en el nombre de Jesús. Amén.

CAPÍTULO 6

UN PADRE CONFORME AL CORAZÓN DE DIOS

Al trabajar en la comunidad he podido ver la necesidad de una figura paterna en la vida de los niños y los adolescentes. Confieso que yo era una persona que pensaba que una madre puede darle tanto amor a sus hijos que no les haría falta el amor del padre, pero eso no es verdad. El amor de los padres hacia sus hijos es de mucha importancia para su desarrollo y crecimiento. La madre puede amar y entregarse al cuidado de sus hijos, pero no puede amarlos como un padre, porque la madre está hermosamente diseñada para la maternidad, no la paternidad. En caso de que no haya una figura paterna en la vida de los hijos, la madre puede mostrar el amor de Dios y enseñarles acerca de la paternidad de Dios. El Padre Celestial tiene el poder de llenar vacíos que se van creando en la vida de los hijos, los cuales pueden llegar a afectar su autoestima y sus futuras relaciones con los demás. Comprendo que no siempre los padres biológicos querrán o podrán estar involucrados en el crecimiento de sus hijos o en sus vidas. También puedo decir que no siempre es seguro mantener una relación con un padre que ha abusado a sus hijos física, mental y emocionalmente. Quiero también presentar con claridad que no pretendo mostrar a las madres solteras de manera negativa. Mi madre fue madre soltera, al igual que yo por un tiempo, y comprendo los numerosos esfuerzos y sacrificios que experimentan en situaciones que van más allá de su control. Mi intención es presentar una necesidad que yo misma viví al ser privada de una relación con mi padre, tanto por factores ajenos a mí, como por decisión propia en un tiempo.

Durante mi adolescencia experimenté un enorme vacío, y en mi adultez vi cómo la paternidad de mi Padre Celestial trajo sanidad emocional y espiritual a mi vida. Dios me ha hecho sentir amada y protegida. He compartido el testimonio de mi encuentro con el Padre Celestial y he visto que los jóvenes que no han crecido con sus padres o están en programas del estado se relacionan con mi experiencia, abren su corazón y empiezan a trabajar en llenar esos vacíos con el amor de Dios en lugar de cosas temporales, abuso de sustancias, promiscuidad sexual, relaciones tóxicas en busca de amor y otros comportamientos que pueden llevar a la autodestrucción. Una experiencia muy especial sucedió cuando me nombraron directora de un programa llamado Puente, era un programa que ofrecía ayuda de cuidado de niños para padres de familia que estaban trabajando o estudiando. Durante el primer semestre me llevé una gran sorpresa: la mayoría de los participantes eran hombres solteros con niños menores de cinco años. El programa requería reuniones semanales para así revisar si había alguna necesidad en la cual pudiésemos ser de ayuda en el centro comunitario. Durante estas entrevistas pude notar que muchos de estos padres eran padres de hijas y que parte de sus dificultades eran el entrenamiento para ir al baño y el uso de baños públicos cuando andaban solos con sus niñas. En este tiempo, algunos grupos llevaban a cabo una campaña por tener baños en el estado de Texas que fuesen inclusivos, pero esta propuesta no incluía la necesidad que había en nuestra comunidad. En las entrevistas podía ver que a los padres solteros no les estábamos poniendo atención.

Los trabajadores sociales utilizamos estas oportunidades donde las personas quieren pasar legislación en distintas áreas para abogar por necesidades que estamos viendo en nuestras ciudades, organizaciones y centros comunitarios, y así crear conciencia de los problemas que afectan a las poblaciones vulnerables y en gran necesidad de apoyo. Mi intención no era entrar en divisiones de quién necesitaba más un baño, pero sí exponer la necesidad de los padres solteros. Ese año, con la ayuda de cartas, correos electrónicos, llamadas a los representantes y muchas oraciones de la comunidad, se logró incorporar baños familiares en centros comerciales y algunos lugares públicos. Quizá hay muchas necesidades en tu comunidad que pasan desapercibidos pero que requieren la intervención de alguien o un grupo de personas para apoyar, como en este caso, a un pequeño número de padres que reciben custodia de sus hijos e hijas y que atraviesan problemas específicos para su grupo.

Durante mi experiencia en el departamento de la oficina de relaciones domésticas del condado de Bexar interactué con un número de padres que activamente buscaban hacerse cargo de sus hijos, pero quienes encontraban una serie de obstáculos que no podían sobrepasar sin la ayuda de un equipo legal y las observaciones de un trabajador social, quienes debían hacer un reporte a la corte para testificar ante un juez lo que habían visto en los estudios conocidos en inglés como *home study* o *social study*, evaluación del hogar o estudio social. Mi supervisor solía acompañarme cuando debíamos visitar a un padre soltero. Podíamos ver el alivio en el rostro del padre que su trabajador social asignado fuese otro hombre. Algunos padres compartían que temían que una trabajadora social se inclinase más en favor de las madres pues consideraban que el sistema tendría preferencia a dar custodia completa a mamá por encima de los derechos de los padres. En los últimos años se han visto cambios que han reformado la práctica de estudio de custodia, colocando el bienestar de los niños por encima de normas tradicionales o culturales. La tecnología ha sido de gran ayuda para el bienestar de los hijos al crear *blogs*, páginas y recaudar firmas para presentar problemas, situaciones y obstáculos que afectan a la familia.

Las cifras acerca de los padres solteros han incrementado; los resultados del más reciente censo de Estados Unidos (2020) mostraron que 30 % de los niños en esta nación vive con un padre o madre en casa como líder de familia[1]. Un estudio realizado por Child Trends señala que la causa principal son los altos niveles de divorcio y los niños nacidos fuera del matrimonio. En el 2019, el centro Pew confirmó que Estados Unidos es el país con el mayor número de niños viviendo en un hogar con un solo padre de familia[2]. Podemos ver que el divorcio es un factor que contribuye a estos altos números, y eso es un tema muy grande que abarcar pues hay muchas razones por las cuales se experimenta un divorcio. Quizá has escuchado o leído la frase: «El divorcio es entre la pareja, los padres no se divorcian de los hijos». En mi opinión, tiene algo de verdad, aunque una pareja quiera distanciarse eventualmente continuará con un vínculo, las personas divorciadas siempre compartirán algo que los une en referencia a los hijos y posteriormente los nietos; pude ver eso con mis padres. Los nietos eventualmente fueron el vínculo para restablecer comunicación.

A continuación te compartiré algunas respuestas de padres que he entrevistado a través de los años durante diferentes procesos.

- **Padre soltero:** «Es difícil cuidarla, pero ella es mi mundo; y aunque a veces me siento solo, creo que es mejor así por ahora. He tenido algunas citas pero no estoy listo para dejarla al cuidado de personas que casi no conozco. Yo no tuve un padre y ella me necesita; mi mamá me ayuda a cuidarla. Mi hija y yo somos muy unidos».

- **Padre divorciado:** «Quisiera que estuvieran conmigo más tiempo, pero tenemos un acuerdo de custodia 50/50, y algunas veces no me gusta que mis hijos no quieran que los discipline. Creo que ven como que el tiempo que están conmigo es para divertirnos, pero quiero que aprendan responsabilidades también».

- **Padre adolescente:** «Tengo dieciocho y mi novia también. Tenemos un bebé y mis papás nos ayudan. Estudio y trabajo, pero a veces no me alcanza. Les digo a mis amigos que no es fácil y que yo pensé que no me sucedería a mí. Un bebé cambia muchas cosas.»

• **Padre encarcelado:** «Me duele no poder ser parte de sus actividades. El Internet nos ayuda ahora. Sé que ellos quisieran que estuviera ahí con ellos. Me pone muy triste que paguen las consecuencias de mis errores. Aquí me he acercado a Dios y le pido que los cuide y los guíe para que sean buenas personas, estudien y sean alguien en la vida».

• **Padre militar:** «Extraño a mi familia. Algo que no me gusta cuando regreso a casa es que a veces no es bien visto cuando quiero disciplinar a mis hijos. Es como si he estado fuera y ahora vengo a regañarlos; es como si hubiera perdido autoridad.»

• **Padre inmigrante:** «Sabe, a veces estoy cansado, extraño a mi familia y quiero hacer una videollamada donde no escuche primero la cantidad de cosas que hay que pagar o problemas a resolver. Yo también quiero escuchar que me aman, que me extrañan. Me da pena contarle esto porque se supone que los hombres no andamos con eso de las emociones pero es lo que siento».

• **Padre adoptivo:** «Mi hermano murió cuando mi sobrino tenía dos años, me he hecho cargo de él. Le pido a Dios que nunca le falte la ayuda para su escuela y sus planes. Ha sido un gran hijo, un regalo de Dios para mi vida. Yo no lo veo como mi sobrino sino como mi hijo, y él me ve a mi como su papá».

- **Abuelo paterno:** «Mi hijo falleció en la guerra; me he hecho cargo de sus hijos, Le pido a Dios salud para poder cuidarlos y estar ahí por ellos».

- **Padre con necesidad de movilidad física especial:** «Trato de estar presente en todo lo que puedo, mi salud a veces no me permite por algunas rutinas médicas; pero si me es posible, estaré para mis hijos. Dios me ayuda con los obstáculos de cada día y me da fuerzas para continuar. Mi deseo es que crezcan cerca de Dios y lleguen a ser hombres y mujeres de bien. Lo más importante para mí es que logren avanzar, aplicando en su vida lo que les he enseñado. Ellos son mis flechas, Dios cuida de ellos porque Él es fiel».

Agradezco a los padres que compartieron conmigo sus experiencias en mi caminar como trabajadora social en las comunidades de San Antonio. He visto a estos padres junto a sus hijos e hijas vencer obstáculos, han podido reunirse con sus familias, establecer pequeños negocios y proveer para sus hijos, estando siempre presente en sus vidas.

Al igual que muchos hijos, yo también atesoró los momentos que compartí con mi padre, aprendí muchas cosas de él. Como he mencionado antes, mi padre no era de muchas palabras pero cuando daba un consejo era tomado en cuenta porque usualmente venía con una pizca de experiencia, era algo que él había vivido. Cuando volví a comunicarme seguido con mi papá, mi enfoque no estaba en lo que había hecho bien o mal. Yo quería recuperar el tiempo que no habíamos tenido juntos. Dios fue muy bueno conmigo al permitirme estar con él los últimos meses de su vida. En mi oficina conservo el anillo de graduación de abogado de mi padre. Él me contó que hizo su doctorado en leyes un año antes de que yo naciera y me dijo de los sacrificios que pasó al lado de mi mamá para poder completar sus estudios. Mi padre veía a mi mamá como una mujer trabajadora y diligente pero lamentaba mucho que los traumas sin resolver, tanto de él como de ella, llenaran sus corazones de orgullo, amargura, rencor y desconfianza. Mi padre reconoció el daño que había causado a mi madre y a su familia. Lo reconoció y Dios le concedió Su perdón y misericordia antes de llamarlo a Su presencia.

Perdonar a nuestro padre terrenal nos lleva a parecernos más con nuestro Padre Celestial, quien coloca en nuestros corazones dar perdón para poder recibir perdón. Si nos negamos a perdonar a quien nos ofende, nuestro corazón se cierra y eso nos hace insensibles a la voz del Padre Celestial. Confesar que no hemos perdonado o lo que verdaderamente sentimos hacia alguien es rendirle al Señor nuestra voluntad para que sea Él quien nos ayude con ese sentimiento y esa falta de perdón; pues si confesamos nuestros pecados, Él es fiel y justo para perdonar nuestros pecados y limpiarnos de toda maldad. Si existe en nuestro corazón el pecado en forma de odio y rencor, al pretender que no lo hay, le llamamos a Dios mentiroso pues el orgullo no permite que veamos el pecado y Su Palabra no está en nosotros. Si reconocemos, Dios perdonará y nos ayudará (1 Juan 1:9-10).

LOS ATRIBUTOS DEL PADRE CELESTIAL

Todos los días tenemos la oportunidad de comenzar

de nuevo. Uno de los atributos más conocidos de Dios es Su misericordia; Su Palabra nos recuerda que el Padre Celestial es amoroso y justo.

«¡El fiel amor del Señor nunca se acaba! Sus misericordias jamás terminan. Grande es su fidelidad; sus misericordias son nuevas cada mañana.»
Jeremías 3: 22-23

Cuando recibí la primera llamada que me informó que mi papá estaba muy enfermo en Managua, lo primero que experimenté en mi corazón fue culpa, seguido de la duda. ¡Cómo iba a ver a un padre con quien no había hablado en un buen tiempo! Me encerré en oración suplicando la orientación de Dios; en ese tiempo practicaba el judaísmo conservador. Dios es fiel a Su Palabra y hoy veo su gran misericordia para con mi padre y para conmigo. Dios colocó en mi corazón el ir a verlo. Nunca olvidaré su rostro al verme y su voz de alegría diciéndole a la enfermera:

—Es mi hija Claudia, es mi hija mayor.

—¿Cómo está, papi? —fue mi respuesta.

Escribo estas líneas y me emociono al recordar ese momento. Me lleno de gozo, porque puedo ver el amor y la fidelidad de Dios en mi vida. En ese momento no nos importó cuánto tiempo teníamos de no hablarnos o si habíamos estado enfadados; estábamos felices de poder vernos y compartir. En ese tiempo me encontraba estudiando para el examen de leyes y me preguntó por los estudios que había completado. Al terminar de contarle, me dijo:

—Ajá, estudiante de carreras interdisciplinarias, seguiste mi consejo. —Sonrió y añadió—: Te pareces mucho a mi madre cuando tenía tu edad.

En ese momento, el doctor me entregó un documento para firmarlo; mi padre vio mi letra y dijo:

—Hasta su letra se parece a la mía.

Mi padre estaba feliz de tenerme a su lado. Me expresó su agradecimiento por la visita y empezamos a compartir durante varias horas al día, largas noches en el hospital y experiencias con las que se pueden escribir unos cuantos libros. En una de nuestras conversaciones nocturnas, papá me contó que su canción favorita es Suki Yaki, una canción japonesa. Él no era japonés pero pude ver con ese relato de dónde viene mi pasión por los idiomas. Mi padre hablaba inglés y era autodidacta, en su tiempo no había YouTube ni aplicaciones para descargar programas en su teléfono. Él tomó un diccionario, lápiz y papel, y con la ayuda de una clase se dio a la tarea de aprender inglés con un gran esfuerzo.

En el hospital donde estaba papá pude ver cosas que nunca había experimentado en un hospital en Estados Unidos. Conocí colegas que hacían prácticamente milagros para proveer para los pacientes y sus familias. Un día vi una silla de plástico que habían adaptado como silla de ruedas y no podía creer lo que estaba viendo; pero mi padre me dijo:

—La necesidad es la madre de la invención, hija.

Vi milagros reales al pasar por los pasillos del hospital y platicar con una familia cristiana que esperaba por su madre. Ellos empezaron a evangelizarnos en medio de todo lo que vivían, oraban por otras personas, y compartían su comida con nosotros.

En la vida experimentamos problemas, pruebas y tribulaciones; pero podemos descansar en las fieles promesas de Dios; y al conocer Sus atributos podemos estar seguros que nuestro Padre Celestial nunca nos abandonará. Cuando me reuní con mi padre, no hubo reclamos, regaños ni condenación; y hoy pienso que tanto a mi padre como a mí, Dios nos estaba mostrando Su gracia.

Dios es amor (1 Juan 4:8). Su amor es verdadero y puro; aunque no logremos entender en su totalidad el amor de Dios, podemos sentirlo. A veces queremos entender Su amor de manera humana, pero este trasciende y nuestro entendimiento no está preparado para conocer a Dios en su totalidad; sin embargo, tenemos promesas acerca de Su amor por nosotros.

«Pero Dios, que es rico en misericordia, por su gran amor por nosotros, nos dio vida con Cristo, aun cuando estábamos muertos en pecados.
¡Por gracia ustedes han sido salvados!»
Efesios 2:4-5

Dios es inmutable, Él no cambia: El carácter de nuestro Padre, Su esencia e identidad no cambia. Dios Padre, quien está con nosotros, es el mismo que ha cuidado siempre de Su pueblo. Nuestro Padre es un rey que escucha a sus hijos. El Padre celestial es santo, poderoso, misericordioso y amoroso. Jesús reveló quién es el Padre y cómo tener una relación con Él.

«El Señor es mi roca, mi amparo, mi libertador;
es mi Dios, el peñasco en que me refugio. Es mi escudo,
el poder que me salva, ¡mi más alto escondite!»
Salmos 18:2

Dios es omnipresente: Él está siempre presente en todo lugar y en todo tiempo. Él no está limitado por el espacio ni por el tiempo. Dios está siempre con nosotros. El Padre no nos abandona, nunca nos rechaza ni nos deja solos en ningún momento ni en ningún lugar. Podemos buscar a nuestro Padre con la confianza que nos recibirá en todo momento y en medio de cualquier situación. Una de mis promesas favoritas está en Isaías 43:2, que dice:

«Cuando pases por aguas profundas, yo estaré contigo. Cuando pases por ríos de dificultad, no te ahogaras. Cuando pases por el fuego de la opresión, no te quemarás; las llamas no te consumirán.»

Dios es omnipotente: El Padre es todopoderoso, no existe nada imposible para ÉL. Su poder es ilimitado. Aunque la duda quiera entrar en el corazón humano, podemos vencer en las preocupaciones y las batallas diarias permaneciendo confiados en que Dios puede transformar nuestra situación, el Padre se interesa por sus hijos. La voluntad de Dios es buena, y aun cuando hemos cometido errores y podemos llegar a cuestionar cómo es posible que Dios transforme una derrota en victoria, podemos descansar en la promesa que Él es todopoderoso; no es nuestra función preguntar y cuestionar el poder de Dios, sino confiar, pues es la fe la que activa el poder del Padre.

> «El que habita al abrigo del Altísimo
> se acoge a la sombra del Todopoderoso.»
> Salmos 91:1

Dios es omnisciente: Este es uno de los atributos de Dios que siempre sorprende a los jóvenes cuando conversamos acerca del ilimitado conocimiento de Dios. Nuestro Padre sabe todo acerca de nosotros, conoce el universo completo y todo acerca del ser humano. Nada puede escapar de Dios. En mi casa tengo un cuadro que dice: «Dios está escuchando esta conversación», y es un recordatorio de que debemos ser cuidadosos de lo que decimos y lo que pensamos porque Dios conoce cada palabra antes que la mencionemos. En Salmos 139, el salmista reconoce la omnisciencia de Dios:

> «¡Sabes lo que hago y lo que no hago! ¡No hay nada que
> no sepas! Todavía no he dicho nada, y tu ya sabes lo
> que diré. Me tienes rodeado por completo; ¡estoy bajo
> tu control! ¡Yo no alcanzo a comprender tu admirable
> conocimiento! ¡Queda fuera de mi alcance!»
> Salmos 139: 3-6

El Padre Celestial es eterno: Dios no tiene fin, un concepto que en ocasiones difícil de entender. Como seres humanos estamos acostumbrados a la finalidad de las cosas, a medir el tiempo y planear a corto y largo plazo. Cuando Moisés tuvo un encuentro con Dios cara cara, Él le reveló su nombre:

«Dios dijo a Moisés: Yo soy el que soy —Y añadió—: Así dirás a los hijos de Israel: "YO SOY me ha enviado a ustedes". Dios dijo además a Moisés—: Así dirás a los hijos de Israel: "El Señor, el Dios de sus padres, el Dios de Abraham, el Dios de Isaac y el Dios de Jacob, me ha enviado a ustedes". Este es mi nombre para siempre; este será el nombre con que seré recordado de generación en generación.»
Éxodo 3:13-15

Dios es santo: La santidad de Dios nos demuestra que en Él no existe el pecado ni la maldad. Dios no es responsable por la maldad de este mundo caído, Él no tiene un plan en contra de nadie, ni pretende que el ser humano viva en sufrimiento. La Santidad de Dios testifica de Su grandeza, Su majestad, Su pureza y perfección. No hay nadie como el Creador, su santidad lo hace digno de toda alabanza, toda honra y toda gloria. Es maravilloso saber que el Padre está de nuestra parte, que nos ama, nos protege y nos ha santificado junto con su hijo amado para que nosotros también podemos estar con Él, alabándolo por toda la eternidad.

«¡Nadie es santo como el Señor! Aparte de ti, no hay nadie; no hay Roca como nuestro Dios.»
1 Samuel 2:2

PATERNIDAD DESDE EL INICIO

Nuestro Padre Celestial está presente desde el inicio haciendo su labor de Padre.

«A ti fui entregado desde mi nacimiento; desde el vientre de mi madre tu eres mi Dios.»
Salmos 22:10

Él ha escrito un plan para nuestras vidas. Dios siempre está presente en cada detalle de nuestro diario vivir. La emoción de recibir la noticia de que un hijo viene en camino es experimentada de distintas formas por ambos padres. La madre considera y se expresa del bebé como si ya lo tiene consigo y en realidad así es, porque una madre que anhela un hijo le da lugar en su corazón aun antes de saber si es niño o niña y mucho antes de su llegada. Ella puede sentir que hay una vida formándose dentro de ella. El futuro padre también expresa emoción pero de una manera distinta, lo cual suele crear un poco de diferencias; el papá puede, sin querer, decir algo como:

—Todavía falta mucho tiempo, el bebé aún no llega.

Lo cual puede ofender a la futura mamá.

Los padres que ansiosamente esperan el nacimiento de su bebe se enfocan en cómo pueden llegar a ser buenos padres, en ocasiones se preguntan si serán el mejor papá para su hijo o hija. En las clases de Lamaze, en preparación para el parto impartidas en algunos hospitales, vi que cuando los padres acompañan a las mamás suelen tener muchas preguntas, hacen su mejor esfuerzo y comparten ciertas preocupaciones. Algunos padres, al igual que mi esposo y yo, han tenido pérdidas en el pasado. La paz y la gracia de Dios nos ha acompañado para sobrepasar miedos, angustias y preocupaciones.

Durante mis dos últimos embarazos nos enfrentamos contra la diabetes gestacional. Mi cuerpo requería insulina con fuertes dosis. Aún guardo los dispositivos en forma de lápiz que tenía que cargar conmigo para inyectarme con frecuencia; no los tengo para recordar la enfermedad sino como evidencia de la fidelidad del Padre Celestial en la vida de mis hijos aun antes de que llegaran. Esta condición requería una dieta muy estricta; era una tortura esperar 30 minutos para poder comer algo después de cada inyección, porque mi horario de trabajo no coincidía con las demandas del tratamiento. A menudo venía a mi mente la idea de que quizá algo no iba a salir bien. Me recordaba de la verdad de Dios y Sus promesas para mi vida y la de mis hijos. Sabía que las medicinas son facilitadas por Él y que debía hacer mi parte en todas las áreas. Antes de empezar mi día ponía mi súplica por sanidad y protección para la vida de mi bebé. Lo llamaba por su nombre: Mario Gabriel, y en voz alta leía el libro de Salmos. Diariamente meditaba en Salmos 139:16 (RVR1960):

«Mi embrión vieron tus ojos, y en tu libro estaban escritas todas aquellas cosas que fueron luego formadas, sin faltar una de ellas.»

Mi espíritu se fortalecía y la paz de Jesús me confortaba. Mi esposo fue de gran apoyo; agradezco a Dios porque colocó en su corazón amor y dedicación a nuestros hijos antes de que llegaran. Siempre se ha tomado la responsabilidad de padre muy seriamente, creo que sigue el ejemplo de su padre a quien ama y admira mucho y quien también me recibió como una hija. Mario preparaba meriendas, me mandaba recordatorios para la medicina, me llevaba a las citas cada vez que podía y en el último embarazo oramos juntos por nuestra hijita Génesis. El Señor nos hizo ver que Él está en control de todas las cosas, absolutamente todas. Con regularidad venía a mi mente los embarazos perdidos que experimentamos antes de ser padres, y el Padre Celestial me confortaba. Dios nos ha dado paz a través de los años y hemos sentido y recibido Su amor, gracia y misericordia. Nos falta mucho por aprender, pero confiamos que Dios guiará nuestros pasos al permanecer enfocados en amar a nuestros hijos; nada es demasiado difícil para el Señor (Jeremías 32:17). Hemos entregado a nuestros hijos en Sus manos. Sabemos que Él los ama mucho más de lo que nosotros podemos. Oramos por todos ellos y confiamos en la fidelidad de nuestro Padre.

EL PADRE DE UNA HIJA

El vínculo entre un padre y una hija determina la manera en que ella ve a los hombres en un futuro. Si es rechazada, abandonada y maltratada, ella guardará en su corazón ese dolor y pasará su vida buscando a un hombre que satisfaga la necesidad emocional que su padre nunca pudo. Lo que los padres demuestran a sus hijas se registra en un lugar especial de su corazón.

Nuestra pequeña puede sentir que es muy amada; a ella le gustan las princesas, y una de sus tías le regaló para Navidad un vestido y una corona. Ella me pidió ayuda para ponérselo, lo primero que me dijo fue:

—Quiero que papá me vea, vamos-

Cuando se mostró delante de su papá, él le dijo:

—Eres una hermosa princesa, eres muy linda mi niña.

Ella se alegró grandemente y lo abrazo. Esta pequeña se guardará lo que sintió en su corazón y él continuará sembrando esas semillas de amor para que su autoestima sea fortalecida. Su papá está haciendo depósitos en el corazón de nuestra hija, al igual que lo hace con los otros hijos.

Cuando el papá es cálido y cariñoso con sus hijas, sus hijas están viendo el modelo a seguir. Si llegan a tener un pretendiente abusivo, podrán ver que ese comportamiento no es aceptable y existe mayor oportunidad de no establecer una relación con un hombre que pueda llegar a lastimarlas. Es muy importante explicarles a nuestras hijas los atributos de Dios, a través de ellos podemos entender que somos hijas de un Rey soberano, uno que escucha nuestras peticiones, conoce nuestras necesidades y se interesa por nuestro bienestar en todas las áreas. Fue de gran ayuda para sanar mi autoestima cuando entendí que mi padre celestial me hizo tal y como Él tenía planeado, que aunque mi padre terrenal (influenciado por el machismo) deseaba un hijo varón, Dios me hizo hija de acuerdo a Su voluntad y no la del ser humano. Mi padre me comentó en el hospital que los derechos de las mujeres no eran su prioridad legal hasta que yo iba creciendo y vio que me gustaba estudiar. Él empezó a notar los distintos obstáculos que podían pasar las mujeres a medida que avanzaban profesionalmente. Él conocía de ellos, pero nunca los había visto como una posibilidad que podría afectar a sus hijas. Me aconsejó: «Nunca dejes de estudiar, y lucha por tus sueños. Esfuérzate y sé valiente». Mi padre no fue perfecto, pero Dios en sus últimos años de vida lo utilizó para darme muy buenos consejos hasta el último momento.

Un factor muy importante en las relaciones familiares saludables es la calidad de tiempo que compartimos cuanto conocemos el uno del otro. Todos los días tenemos la oportunidad de amar, compartir y estar presentes en la vida de las personas que amamos. La baja autoestima en los hijos y las hijas es consecuencia del distanciamiento, ausencia o falta de participación de los padres. Las relaciones familiares saludables son importantes para construir una autoestima saludable, la cual es la forma que tenemos para valorarnos a nosotros mismos; si esta forma de valorarnos no es adecuada pueden surgir los siguientes comportamientos los cuales traerán problemas a nuestros relaciones:

1. **Inseguridad en uno mismo:** Pensar que somos incapaces de realizar algo. Tendremos dudas aunque llevemos a cabo acciones exitosas. Pero todo lo podemos en Cristo (Filipenses 4:13).

2. **Infravaloración :** Se puede llegar a pensar que no valemos lo suficiente, no merecemos las oportunidades que Dios está presentando delante de nosotros. Pero Dios tiene buenos planes (Jeremías 29:11).

3. **Culpabilidad:** No todo lo que ocurre a nuestro alrededor es nuestra culpa, hay factores en este mundo caído que trae situaciones difíciles que tú y yo no provocamos. La culpa no proviene de Dios. La

convicción de que podemos enfrentar retos, pruebas y situaciones con la ayuda de Dios proviene del Padre Celestial, porque ninguna condenación hay para los que estamos en Cristo (Romanos 8:1-2).

4. Pensamientos negativos: Cuida lo que piensas. La Biblia nos alerta de guardar nuestra mente y corazón. La versión Palabra de Dios para Todos nos dice: «Ante todo cuida tus pensamientos porque ellos controlan tu vida»; y la versión Biblia de Las Américas nos dice: «Con toda diligencia guarda tu corazón porque de él brotan los manantiales de la vida» (Proverbios 4:23).

5. Preocupación constante por el futuro: Este comportamiento no solo aparece en la baja autoestima sino que también es en gran parte responsable de altos niveles de ansiedad. Pero la Biblia dice: «No se preocupen por nada en cambio oren por todo. Díganle a Dios lo que necesitan y denle gracias por todo lo que él ha hecho. Y así experimentaran la paz de Dios, que supera todo lo que podemos entender. La paz de Dios cuidará su corazón y su mente mientras vivan en Cristo» (Filipenses 4:6-7 NTV).

6. Tratar de agradar a los demás: Esto nunca será posible con el ser humano. Nuestro propósito como creyentes y seguidores de Jesús es agradar a Dios ante todo. Buscar el reconocimiento de Dios está por encima de amar el reconocimiento del ser humano (Juan 12:43). No estar preocupado de lo que los demás piensan o cómo nos perciben es el mayor indicador de una autoestima saludable.

7. Depresión: La cual se caracteriza por una visión negativa de uno mismo y el mundo a nuestro alrededor: «Todo es imposible», «No tengo propósito», etc. Estas mentiras acerca de una persona pueden ser confrontadas con la verdad de Dios y Su Palabra. Dios conoce nuestras luchas y nos dice que podemos ser renovados en el espíritu de nuestra mente (Efesios 4:23). Dios consuela a los deprimidos (2 Corintios 7:6). Dios guarda en paz a los que confían y se refugian en Él (Isaías 26:3). La depresión es una condición presente en muchas condiciones de salud mental. Si has experimentado o estás experimentando síntomas depresivos, te invito a buscar ayuda profesional y espiritual.

Es por el amor del Padre Celestial que hemos sido rescatados de cómo vivíamos antes. Es por Su gracia que no nos ha dejado huérfanos sino que ha estado ahí siempre. No necesitas comprarle de todo a tu hijo para demostrarle tu amor, no es necesario que sea próspero en lo material y le falte lo emocional; que tenga todo pero nunca ha escuchado un «Te amo» o «Estoy orgulloso de ti». Amar a los hijos con un amor genuino está por encima de lo que les podemos dar materialmente. Este es el mensaje que hemos oído desde el principio: que nos amemos los unos a los otros (1 Juan 3:11).

10 MANERAS DE DECIRLES A NUESTROS HIJOS QUE LOS AMAMOS

En mi interacción con los adolescentes cuando hablamos de autoestima, inseguridades, depresión o distanciamiento que existe entre ellos y sus padres, ellos me comentan de las formas que les gustaría recibir amor por parte de sus padres; y con ello he aprendido que podemos usar estas:

1. **Escuchar lo que tienen que decir sin interrumpir, simplemente escuchar.** Muchas veces como padres queremos dar consejos, instrucciones y dirección cuando en realidad los jóvenes desean ser escuchados.

2. **Averiguar lo que es popular entre la juventud y sorprenderlos con algún detalle.** En varias ocasiones he sorprendido a mis hijos con algún regalito simple que vi en alguna publicación, como dulces de otros países o algún producto popular y apropiado. Me gusta sorprenderlos como el Padre Celestial me sorprende a mí. Dios es detallista.

3. **Salir con nuestros hijos, darles tiempo de calidad** y mostrar interés al interactuar con ellos, de acuerdo a sus edades.

4. **Pasar tiempo juntos en la Palabra de Dios.** Se les puede dar responsabilidad de leer el devocional o un pasaje de acuerdo a su edad.

5. **Hablar palabras de afirmación.** Nuestros hijos necesitan escucharlas desesperadamente. Esto no quiere decir que los llenaremos de halagos excesivos. Sin embargo, cuando nuestros hijos trabajan duro y dan lo mejor, necesitan saber que estamos orgullosos de ellos. Abraham Maslow afirma que se necesita nueve comentarios afirmativos para compensar cada declaración negativa que se les dice a nuestros hijos.

6. **Establecer y mantener una autoestima inquebrantable.** Sin importar lo que el mundo pueda decir acerca de ellos, debemos recordarles que están hechos maravillosamente y Dios tiene un propósito para sus vidas.

7. **Prestar más atención a su individualidad y hacer todo lo posible para que brillen como Dios los diseñó.** A veces como padres podemos caer en querer comunicarnos de la misma manera con nuestros hijos sin conocer que cada uno de ellos puede hablar un diferente lenguaje del amor.

8. **Conocer el lenguaje del amor de nuestros hijos.** Recomiendo mucho en las sesiones de consejería con padres de familia el libro *El secreto para amar a los jóvenes con eficacia* y *Los cinco lenguajes del amor* escrito por Gary Chapman.

9. **Noche de diversión y convivencia familiar.** Puedes organizar una noche en casa para ver una película, descansar juntos y desconectarte de los quehaceres, trabajo o tecnología.

10. **Orar juntos** enseñándoles a colocar su confianza en el Padre Celestial y esperar en Él.

AMAR ES DISCIPLINAR

Nuestros padres terrenales nos disciplinaron durante algunos años e hicieron lo mejor que pudieron, pero la disciplina de Dios siempre es buena para nosotros, a fin de que participemos de su santidad. Ninguna disciplina resulta agradable a la hora de recibirla. Al contrario, ¡es dolorosa!

Pero después produce la apacible cosecha de una vida recta para los que han sido entrenados por ella (Hebreos 12:10-11 NTV).

Disciplina es mostrar el camino correcto, disciplinar es dirigir. La disciplina del Señor es como un entrenamiento que involucra un castigo o una consecuencia a una acción que debe ser corregida para enseñar a vivir una vida en rectitud; si nos rehusamos a disciplinar a nuestros hijos, el mundo los corregirá. Si no se enseña al niño en casa y no aprende a manejarse en sociedad, será corregido fuera de casa y en el peor de los casos puede llegar a ser corregido por el sistema juvenil o penitenciario. El castigo es la consecuencia de una acción que no va de acuerdo a las disciplinas establecidas para la paz y la armonía en la sociedad. El comportamiento sin corregir causará dolor si no en el momento, entonces más tarde. Disciplinar es dar un horario, ayudarles a establecer rutinas, guiarlos a la puntualidad, enseñarles ética laboral, responsabilidades en el hogar y un set de valores que les serán útiles en el futuro. Podemos observar en el versículo anterior que la disciplina no siempre es bien recibida, pero producirá buenos frutos para nuestros hijos. Porque amamos a nuestros hijos los corregiremos y nos haremos cargo de su educación en todas las áreas. Dios nos ha dejado un manual con muchos ejemplos; para poner en práctica lo que nos enseña acerca de la disciplina veamos el siguiente consejo:

«Hijo mío, no rechaces la disciplina del Señor ni te enojes cuando te corrige. Pues el Señor corrige a los que ama, tal como un padre corrige al hijo que es su deleite.»
Proverbios 3:11-12 (NTV)

Amarlos es también disciplinarlos. Los padres no dañan a sus hijos tomando medidas para controlar una naturaleza rebelde, desobediente y caída. A veces la corrección implica confrontación, advertencias y consecuencias. Dios nos disciplina porque nos ama y desea cuidarnos de los múltiples peligros que nos acechan; sin darnos cuenta podemos ser la causa de dolor para nosotros mismos y los que amamos.

Los padres tenemos la responsabilidad de transmitir a las próximas generaciones lo que Dios ha hecho y continúa haciendo en nuestras vidas, contarles a nuestros hijos de cuán amados somos por Él. La Escritura proclama el amor de Dios, Su Palabra es un manual de vida. Tiene orientación para la crianza de nuestros hijos y la estructura familiar, da instrucciones para que las próximas generaciones lo conozcan; no pueden conocer a un padre que no se les ha presentado, un Padre que tiene preparado cosas grandes y maravillosas para los que le aman, aunque no podemos imaginar cuán grande es lo que ha preparado y no hayamos visto, tenemos certeza en los atributos de Dios, que Él es un Padre que cumple promesas a sus hijos y podemos descansar en su fidelidad. Nuestra meta es seguir el ejemplo del Padre Celestial quien nos ama y todos los días nos brinda una nueva oportunidad de empezar de nuevo. Nos invita a dejar atrás el pasado y a conocerle más por medio de la oración y la lectura de Su Palabra. El Padre Celestial nos disciplina porque nos ama y también establece límites saludables para nuestro propio bien. Seguir el modelo del Padre Celestial nos ayudará a crecer, madurar, confiar y así poder llegar a ser de ayuda para otros.

«Miren con cuánto amor nos ama nuestro Padre que nos llama sus hijos, ¡y eso es lo que somos! Pero la gente de este mundo no reconoce que somos hijos de Dios,
porque no lo conocen a él.»
1 Juan 3:1 NTV

CAPÍTULO 7
LA SANIDAD, UN REGALO DEL PADRE

La sanidad interior es la sanidad de los recuerdos del pasado, heridas emocionales y experiencias dolorosas o traumáticas las cuales han sido registradas en nuestra alma. Dolencias emocionales y espirituales que afectan a individuos de alguna manera negativa en su vida actual.

Este libro ha sido un viaje de sanidad interior, un regalo de mi Padre Celestial. Dios me ha ayudado a encontrar el origen de traumas en mi vida, aunque ya había compartido con jóvenes y adultos algunas de mis experiencias, pensando que ya habían sanado, revivir algunas de las historias que aquí he contado me ayudaron a ver que había áreas en las que debía trabajar. A lo largo de mi carrera como consejera y mentora en el ministerio he visto que las personas pueden identificarse con mi historia y que Dios ha usado ese testimonio y el de muchas otras personas para encontrarlo. Nuestro Padre Celestial nos ayuda a encontrar la verdad y, como lo ha hecho conmigo, nos perdona y nos da el mandato de perdonar a las personas que intencionalmente o sin darse cuenta nos han lastimado. En este capítulo explicaré cómo han sido algunos procesos de sanidad interior. Compartiré ejemplos de cómo la Palabra de Dios, con la ayuda de intervenciones para la salud mental, me han ayudado a entregar las cargas a los pies de Cristo.

El primer paso para comenzar el viaje de sanidad fue reconocer que existían verdades en mi vida que no había querido confrontar. Una de estas verdades es que al empezar a caminar con Jesús, mi identidad estaba firmemente plantada en el judaísmo, el cual practiqué por más de 21 años. La comunidad judía representaba mi familia, un grupo de personas que me aceptaron, me apoyaron y me dirigieron a muchas cosas que fueron de gran ayuda. Las mujeres de la comunidad judaica a la que pertenecía compartieron conmigo sus secretos de cocina, sus habilidades en las manualidades y la costura al igual que su amor por la lectura de la Torá y las reflexiones diarias. Juntas aprendimos en las distintas actividades que debíamos organizar en el centro comunitario y compartimos la práctica del trabajo social y la educación. Siempre me gustó estudiar la Palabra del Señor y mis maestras vieron eso en mí, me apoyaron muchísimo en los centros de estudio y siempre me animaron. Una comunidad de amigas que me apoyaron en días muy difíciles, que me enseñaron acerca del único Dios y que me ayudaron a dejar muchas cosas atrás.

Ser judía era algo muy importante para mí. Dios me permitió crear memorias muy especiales las cuales guardo en mi corazón. Durante mi servicio militar el Ejército de los Estados Unidos siempre acomodo mis prácticas religiosas y durante la guerra, antes de partir a Iraq, tuve la oportunidad en Carolina del Sur de recibir la bendición sacerdotal de parte de un capellán voluntario y sobreviviente del holocausto, quien colocó sus manos sobre mi cabeza y me dijo:

—Que el Señor te bendiga y te proteja. Que el Señor sonría sobre ti y sea compasivo contigo. Que el Señor te muestre su favor y te dé su paz (Números 6:24-26 NTV). Que seas como Sara, Rebeca, Leah y Raquel. Nunca olvides que Nuestro Dios va contigo a donde quiera que vayas.

Poco tiempo después me tocó trasladarme a Fort Hood, Texas, la base militar donde saldríamos para el Medio Oriente. Mi familia no pudo estar en el aeropuerto para despedirme y sentí mucha tristeza porque no sabía si los volvería a ver. Nuevamente Dios había puesto a una de sus hijas para entregarme el abrazo del Padre Celestial antes de partir: Elizabeth Laird, una señora cristiana que abrazaba y bendecía a cada soldado que salía rumbo a la guerra en el aeropuerto regional de Fort Hood. Los soldados cariñosamente la nombramos The hug lady (La señora de los abrazos). Ella dio más de 500,000 abrazos; yo pude recibir dos de estos pues también estuvo cuando regresé de la guerra. Una mujer con un ministerio muy hermoso. La señora Laird dio abrazos durante doce años a pesar de estar luchando su propia batalla contra el cáncer. Ella recibió lo que con mucho amor había plantado antes de partir con el Señor, pues muchos de los soldados pudieron visitarla en el hospital y abrazarla para darle las gracias por su servicio al Señor y a nuestra nación. El Ejército decidió nombrar una sala del aeropuerto en su honor, la sala donde ella despidió y recibió a tantos soldados. Dios ha mostrado su amor y fidelidad en mi vida de tantas formas, al recordar todas estas cosas he podido ver que Él siempre ha estado ahí y ha usado a muchas personas para mostrarme ese amor.

> «El camino de Dios es perfecto. Todas las promesas del Señor demuestran ser verdaderas. Él es escudo para todos los que buscan su protección.»
> Salmos 18:30 (NTV)

MI ENCUENTRO CON JESÚS

Una vez que decidí seguir a Jesús, para mí fue muy difícil hacer la transición de judía a cristiana porque sentía que traicionaba a personas muy amadas que han sido una bendición para mi vida y fueron grandemente usadas por Dios para prepararme para su servicio. Dios conoce muy bien nuestros corazones y Él sabía de la tristeza que estaba sintiendo al contemplar dejar a personas que considero familia, amigos, la sinagoga, el liderazgo comunitario, entre otras cosas. Dios conoce nuestros pensamientos y las palabras que diremos aun antes de decirlas; y una noche cuando quería presentarle esta verdad a un grupo de amigos, Dios consoló mi corazón y me llevó hacia la verdad a través de Su Palabra. El Padre Celestial me mostró este versículo durante mi tiempo de lectura:

> «Dijo entonces Jesús a los judíos que habían creído en él: Si vosotros permaneciereis en mi palabra, seréis verdaderamente mis discípulos; y conoceréis la verdad, y la verdad os hará libres.»
> Juan 8:31-32 (RV1960)

Para entonces ya había tenido un encuentro con Jesús pero me sentía como algunos personajes bíblicos del Nuevo Testamento, creyendo en Jesús pero no quería dejar el sanedrín, no quería dejar el círculo social, religioso y emocional que el judaísmo representaba para mí. Hablo de mi experiencia con mucho respeto, tengo amigos judíos que han respetado mi decisión. Jesús siempre advirtió que todo el que decide seguirle va a tener que hacer cambios en su vida y no serán fáciles. En muchas ocasiones cuando decidimos seguir a Jesús tendremos aflicciones y pruebas.

«Les he dicho todo lo anterior para que en mí tengan paz. Aquí en el mundo tendrán muchas pruebas y tristezas; pero anímense, porque yo he vencido al mundo.»
Juan 16:33 (NTV)

Decidí refugiarme en Dios. Cuando leía y no entendía el Nuevo Testamento, oraba con lo que conocía, el Antiguo Testamento, y poco a poco Dios fue abriendo mis ojos para darme entendimiento, liberarme de la duda y el desánimo. Algo maravilloso ocurrió cuando empecé a ver a Jesús en todas partes en el Antiguo Testamento, y con mucha alegría compartía con todos: «Fue como si escamas cayeron de mis ojos»; aún no había leído el libro de Hebreos y Romanos. Empecé a sentirme libre de culpas, del miedo a ser rechazada y comenzó el viaje de sanidad poco a poco. Dios decidió cómo empezaría su obra, la cual continúa; puedo ver que me ayudó al usar estos tres pasos iniciales:

- **Dios reveló el sentimiento de orfandad que me acechaba.** Me ayudó a ver la verdad, mostrándome los cambios que necesitaba hacer en orden de prioridades. En este primer paso me invitó a dejar miedos y temores recordando constantemente que Él es un Padre amoroso y está siempre conmigo. Empecé a aceptar Su cuidado y disciplina. Me recordó que seguirá trabajando en mí hasta el día que decida llamarme a Su presencia.

- **Me enseñó cuán amada soy.** Dios siempre ha estado en mi vida, tanto en los valles como en las montañas. Las enseñanzas del Maestro me muestran a diario que Su amor y gracia no los recibo por mérito sino por fe. Jesús siempre está dispuesto a ayudarme, me enseñó a poner mi confianza en Él y a darle prioridad a lo que Dios piensa de mí y no a lo que las personas puedan pensar. Esta revelación ha sido libertadora porque Dios la ha usado para sanar mi autoestima.

- **Dios me invita a diario a tomar la decisión de creerle.** Me enseñó a enfrentar las pruebas con la certeza de su compañía. El gozo que puedo experimentar al saber que no estoy sola y que refugiarme en la presencia de mi Padre Celestial está siempre disponible me ha sanado de muchas dolencias emocionales. No es fácil cuando hay pruebas; pero es justamente ahí cuando nuestra fe aumenta, cuando aún en medio de los días difíciles sabemos que Dios está a nuestro favor.

SANIDAD DEL RECHAZO Y ABANDONO

Por muchos años caminé por la vida sintiéndome sin valor, sin ser merecedora de nada, a pesar de tener muchos logros. Siempre sobreprotegía a la niña rechazada y abandonada que llevaba en mi interior, siempre estaba lista para defenderla. No le permitía a Dios ser el quien me cuidase porque no le conocía como Padre, me había enfocado en atributos legalistas, intolerables y quizás tenía la imagen de Él como mis padres habían sido conmigo. Llegué a pensar que a Dios no le interesaban mis problemas del día a día. No conocía al Padre Celestial amoroso que Jesús nos presenta, eso lo aprendí en el evangelio que predicó Jesús. Algunas veces he compartido que muchas personas, no niego que hayan tenido buenas intenciones, me trataban de evangelizar con una imagen de Dios castigadora, opresiva e intolerante cuando en realidad mi alma gritaba en busca de su amor como Padre amoroso, protector, misericordioso, que disciplina y castiga pero que da tantas oportunidades para que le conozcamos y podamos sanar a su lado. Estaba cansada de tanto desprecio, y no era necesariamente que los demás me rechazaban, sino que percibía de esa forma porque muy dentro de mí estaba la vergüenza, la culpa y el dolor.

Cuando interactuaba con mis compañeros en la escuela, en el ejército y en la universidad la mayoría tenían familia cercana y muy unida, con realidades distintas a las mías. Había crecido en una familia con liderazgo matriarcal, las madres tenían el control absoluto del destino de sus hijos sin tomar en cuenta la opinión de los padres o sus recomendaciones. Desde cuatro generaciones antes de mi generación, la presencia y desempeño de los hombres es en su mayoría ausente; y a medida que fui madurando empecé a comprender que la causa eran todas esas heridas generacionales que se habían apoderado del porvenir de cada una de las mujeres de mi familia, en su mayoría eran rechazadas, abandonadas, lastimadas, abusadas y emocionalmente despedazadas, sin un futuro prometedor, sin paz ni esperanza, viviendo con las máscaras del rechazo y la coraza de autoprotección. Vestirnos de la armadura de Cristo en nuestras vidas ha sido clave en mi proceso de sanidad.

«Por último, fortalézcanse con el gran poder del Señor. Pónganse toda la armadura de Dios para que puedan hacer frente a las artimañas del diablo. Porque nuestra lucha no es contra seres humanos, sino contra poderes, contra autoridades, contra potestades que dominan este mundo de tinieblas, contra fuerzas espirituales malignas en las regiones celestiales. Por lo tanto, pónganse toda la armadura de Dios, para que cuando llegue el día malo puedan resistir hasta el fin con firmeza.»
Efesios 6:10-13 (NVI)

Descubrir que en realidad mi lucha nunca había sido contra las personas sino contra la oscuridad que se apodera del ser humano que no conoce a Dios, fue libertador; también lo fue aprender que muchos al igual que yo se comportan como lo hacen por sus mismas luchas y situaciones sin resolver, porque también han sido marcados desde niños con diferentes traumas. Antes de fallecer, mi abuelita materna le entregó su vida a Cristo y, posteriormente, mi hermana, una mujer valiente en mi familia que decidió cambiar el historial de traumas, situaciones, divisiones y que enfrentó mucho rechazo al ser la primera cristiana practicante y firme en su fe. Ella empezó a interceder por cada una de nosotras. Esta intercesión duró años, y en Su fidelidad, Dios decidió rescatarnos con la verdad; juntas, madre e hijas hemos logrado reconocer que estas áreas deben de ser trabajadas, se ha abierto comunicación de temas delicados y establecido límites saludables para mejorar nuestra relación. La relación entre mi mamá, mi hermana y yo no es perfecta, pero es libertador saber que el que ha empezado la obra en nosotras, la terminará (Filipenses 1:6). Solamente Dios tiene el poder de sanarnos una vez que reconocemos las dolencias, decidimos llenarnos de su amor y vestirnos con su armadura para enfrentarnos a las luchas que a diario podemos tener.

SANANDO LA ANSIEDAD

En esta etapa de transformación he aprendido que los disturbios del pasado querrán colocar raíces de amargura y pensamientos traumáticos en nuestras mentes; es necesario buscar revelación de Dios meditando en Su Palabra para renovar nuestra mente. Una de las condiciones de salud mental que más me atacó por muchos años fue la ansiedad. Cuando empecé a escribir este libro, le pedí en oración al Señor que me revelara cómo la ansiedad se había posicionado en mi vida, y el Padre Celestial contestó mi oración. Unos días después empecé a recordar situaciones en mi infancia, primero el haber sido separada de mi madre a días de haber nacido y posteriormente el vivir situaciones fuera de mi control que le dieron paso a un alto nivel de ansiedad, la cual me persiguió por mucho tiempo. De niña, cuando estaba con mi abuela materna, la ansiedad me acechaba cada vez que sabía que recibiría un castigo excesivo y hasta violento por alguna de mis travesuras. Sabía que esos castigos no serían leves y el temor se apoderaba de mí. Si llegaba a casa con una calificación baja o al mostrar un error en algo, empezaba la sudoración continua, el dolor de estómago y otros síntomas característicos de la ansiedad. Mi mente fue registrando que esta era la manera de identificar peligro, situaciones incómodas y nervios. Lo mismo me sucedía cuando no me sentía a gusto delante de personas que estaba empezando a conocer o me encontraba en peligro durante mi participación en la guerra de Iraq. He aprendido en la práctica de consejería que muchas personas no están caminando por la vida tratando de ser perfectas, quizá están tratando de evitar un castigo, experimentan miedos, están evitando ser ridiculizados, rechazados y a veces evitando ser vistos. La ansiedad puede dar lugar a la ansiedad social, el miedo y altos niveles de estrés.

Tener la paz de Dios no significa que los momentos donde podemos sentirnos ansiosos desaparecerán, he aprendido que cuando le rindo el control a Dios de lo que estoy sintiendo, Él me ayuda a sobrellevar las cosas, porque Su poder me ayuda en mis momentos de debilidad. Al hacer afirmaciones de Su Palabra siento que Dios me va fortaleciendo, confortando y direccionando para poder transformar pensamientos ansiosos. Cada vez que la ansiedad quiere tocar a mi puerta, yo decido parar y buscar mis momentos a solas con Dios para poder recibir la paz de Jesús. Uno de mis versículos favoritos para hacer afirmaciones de la palabra del Señor es el siguiente:

> «Pongan sus preocupaciones y ansiedades en las manos de Dios, porque él cuida de ustedes.»
> 1 Pedro 5:7 (NTV)

Cuando tenemos el cuidado de guardar nuestros pensamientos y entregarlos a Dios, Él nos promete que nos llenará de paz que sobrepasa todo entendimiento porque esta trasciende este mundo ansioso y cambiante. La paz de Dios no cambia, en esa paz podemos entender que a través de la oración nos resistimos a ser arrastrados al círculo adictivo de las preocupaciones y los pensamientos de temor o ansiedad.

PERDONAR A NUESTROS PADRES

Perdonar puede llegar a ser una decisión difícil de tomar, pero muy necesaria para sanar nuestros corazones y nuestra mente. En muchas ocasiones durante las sesiones de consejería he sido testigo del poder liberador del perdón. Hombres, mujeres y jóvenes han decidido perdonar a quienes han cometido actos muy serios y dolorosos en su contra. Escribo esto porque quiero dejar claro que para perdonar a alguien que te ha lastimado no necesitas estar frente a esa persona físicamente, no tienes que ir a buscar a nadie, si eso implica ponerte en riesgo o que tu integridad sufra un ataque de violencia física o verbal. Puedes tomar la decisión de perdonar en la intimidad de tu habitación frente al Padre Celestial quien ve la disposición de tu corazón y quien estoy segura te ayudará a soltar esa carga como lo ha hecho conmigo y con muchos otros.

El perdón tiene poder para transformar a las personas y las situaciones. La Biblia nos enseña sobre el perdón y nos muestra ejemplos para perdonar tal como Dios lo desea. Llenándonos del amor y la misericordia de Dios viviremos vidas libres del rencor, el dolor, la amargura, y tendremos un corazón más dispuesto a perdonar, un corazón más parecido al de nuestro Padre Celestial y nos ayudará a escuchar con mayor facilidad Su voz.

«No juzguéis, y no seréis juzgados; no condenéis, y no seréis condenados; perdonad, y seréis perdonados.»
Lucas 6:37 (RVR1960)

El perdón es esencial para sanar. No podemos honrar a nuestros padres si no los perdonamos. Perdonar a ese padre que eligiendo poder amarte, no lo hizo, que teniéndote cerca nunca te dio un abrazo, que nunca lo escuchaste decir «Estoy orgulloso de ti» o que pudiendo pasar tiempo contigo, prefirió no hacerlo. Quizá a padres que en lugar de protegerte fueron ellos los que te maltrataron de muchas formas. Perdonar todo eso y mucho más no es fácil, pero si decides llenarte del amor de Dios, es posible. Recuerda que el mundo no entenderá cómo has decidido perdonar a alguien que te lastimó porque el que no conoce a Dios difícilmente acepta como Él opera en nuestras vidas.

Un padre atado a una cadena de vicios, un padre que abandonó a su familia, otro que abusó de sus hijos, o el que simplemente no quiso estar presente, el padre que ha perseguido para lastimar emocionalmente, todos estas son cargas que el Padre Celestial anhela recibir de nuestra parte para que podamos ser libres y recibir lo que Él tiene para nosotros. Dios conoce el dolor que un padre terrenal puede causar en nuestros corazones. Dios vio el quebranto de mi corazón y el dolor de mi alma, Él sabía lo que yo buscaba cuando ni siquiera yo había descubierto lo que anhelaba: el amor de un Padre; y lo encontré cuando decidí enfocarme en Su verdad y soltar la carga. Decidí perdonar a mis padres porque he podido con la ayuda de Dios comprender que ambos dieron lo que tenían para darme, ambos estaban al igual que yo: buscando el amor de sus padres en el ser humano; mis padres no conocían a Dios.

Decidí no juzgar sus errores sino ver con misericordia las decisiones que tomaron, decidí enfocarme en lo que Dios hizo en mi vida y no en lo que ellos no hicieron. Como parte del proceso del perdón, Dios utiliza memorias positivas que crean confianza que de alguna manera si fuimos amados o cuidados. En mi momento de sanidad, Dios trajo a memoria recuerdos de la infancia que atesoro en mi corazón, por ejemplo, las visitas de mi mamá cuando yo vivía con mi abuela. Mi mamá y yo jugábamos juntas, me llevaba de paseo y siempre tenía que irse cuando yo estaba dormida porque esas despedidas eran muy difíciles tanto para ella como para mí. Mi padre solía llevarnos a mi hermana y a mí a comer hamburguesas un domingo o visitar los pueblos de nuestro país, Nicaragua.

Estas experiencias me han ayudado a relacionarme con los niños en custodia estatal a quienes se les permiten visitas supervisadas; ver la felicidad en los rostros de estos niños cuando han compartido una tarde con su padre o su madre me motiva a seguir trabajando para el bienestar de los niños en mi ciudad. Mi madre siempre trabajó muy duro y ella llegó de inmigrante a Miami, determinada de mejorar nuestra calidad de vida, y gracias a Dios lo logró. Mi papá logró verme con mi propia familia, lo que le llenó de mucha alegría al final de sus días. Todas estas cosas me muestran el inmenso amor de Dios que aun cuando no le conocíamos, Él ponía el querer como el hacer en el corazón de mis padres y los ayudaba para que —tanto juntos como cuando ya estaban separados— pudieran compartir momentos que aunque fueron breves llenaron mi corazón de felicidad y que hoy estoy compartiendo contigo. No podemos ser jueces de nuestros padres, nosotros también enfrentaremos situaciones con nuestros hijos o con personas que amamos. Quizá estés en una posición donde has perdonado a tu padre o a tu madre, pero estás resentido con Dios por alguna situación dolorosa en la que crees que debió haber intervenido. Tal vez tengas que perdonarte a ti mismo por juzgar a Dios. Aun cuando muchos deciden estar enojados con Dios por las situaciones de vida, Él les muestra la gracia y la compasión, manteniéndolos con salud física y concediéndoles cada día una nueva oportunidad de dejar el pasado atrás y comenzar de nuevo a Su lado. La falta de perdón pone división entre Dios y las personas. Cuando tus heridas no han sanado, serás un reproductor de lo que los demás han hecho y sin darte cuenta también lastimarás a otros.

Dios nos da el perdón y muchas veces nos cuesta recibirlo porque seguimos dando lugar a la crítica, el juicio, el reclamo y el orgullo. Somos nuestros peores críticos y podemos llegar a pensar que no hemos recibido el perdón de Dios. Lo único que requiere es tu consentimiento para ser parte del proceso y Él te llevará a la sanidad y a perdonar. Dios vio mis heridas y las vendó para ayudarme a emprender el viaje a la sanidad en todas las áreas. Dios no rechaza a los que están quebrantados, Él está activo para sanarnos. He podido identificarlo en mi proceso. Jesús, el sanador, siempre ha estado ahí y ha colocado personas que fueron usadas para contribuir a mi sanidad. Tú y yo podemos ser personas que ayudan a otros a alcanzar la sanidad que Él les ofrece, podemos vendar las heridas y mostrarles la dirección hacia el camino que los llevará hacia la sanidad integral.

«Él sana a los de corazón quebrantado y
les venda las heridas.» Salmos 147:3 (NTV)

EL PERDÓN NOS SANA DE TOXICIDAD

Todos hemos sido testigos de alguien que trata de descargar su toxicidad en otras personas, tanto en las redes sociales como en la realidad. Probablemente alguien en tu vida se ha comportado de esta manera. La mayoría de los jóvenes con los que he trabajado han sido marcados por personas tóxicas, tanto en su entorno cercano como en la escuela. Ellos han vivido en un ambiente de abuso verbal aunque ambos padres hayan estado con ellos. Las personas que abusan y denigran a los otros con sus palabras, arrastran a la persona a la emoción que están experimentando, como lo es en el caso del enojo.

A veces puedes estar conversando con alguien y sin darte cuenta terminas portándote de la misma manera. Puede suceder que en ocasiones trates de tener conversaciones para esclarecer alguna situación y la persona evite tener ese diálogo y se esconda detrás de una emoción —como el enojo o la ira— y arremeta contra ti con palabras que lastimaban; y sin que te des cuenta puedes terminar imitando esa conducta, sin llegar a ninguna parte en la discusión. Cuando ya las palabras están dichas, no las podrás recuperar y olvidar fácilmente la falta, porque estas palabras ofensivas e hirientes pueden causar huellas emocionales; a medida que vamos aprendiendo en nuestro caminar con Dios podemos ver que es muy necesario establecer límites de lo que estamos dispuestos a tolerar. En ocasiones, poner límites no será bien visto especialmente por las personas que están acostumbradas a traspasarlos. Dios me ha ido mostrando que evitar discusiones, alejarse respetuosamente de una situación que sabes traerá conflicto tanto para ti, tu familia o para tu matrimonio, es también honrar a las personas. Mantener una relación con Dios es muy importante para que podamos adquirir la salud emocional que necesitamos y alejarnos de lo no nos conviene. Siempre existirán situaciones y personas que tratarán de drenarte emocionalmente; mas Dios puede ayudarte —como lo hizo conmigo— a discernir para establecer límites saludables con amor y respeto y así decidir tener una relación o alejarte de alguien.

Compartiré una herramienta que me ha ayudado mucho a practicar el perdón cada vez que se levanta una situación. En tu teléfono o en un cuaderno devocional puedes escribir la situación, tu reacción, presentar al Señor la ofensa y perdonar. Ejemplo:

Recibí una llamada de una persona muy molesta que estaba rechazando a una joven que yo había seleccionado para una oportunidad de viaje. Mi decisión de apoyar a esta joven fue basada en su disciplina, desempeño y capacidad en sus estudios universitarios. Para la otra persona, esta joven no cumplía con el estándar que había idealizado en su mente. Después que le presenté a esta persona mi posición y pudo ver que no estaba de acuerdo con ella, empezó a reclamarme, casi gritarme y decirme cosas que me llevaron a molestarme mucho. **Me despedí de esa llamada y me quedé pensando por qué reaccioné de esa manera.**

1. **Identifiqué por qué me ofendí, reconocí que parte de las estrategias de Satanás para afectar relaciones** es generar ofensas, divisiones, insultos y discusiones que se parezcan a heridas que estás trabajando o que ya has trabajado. Las personas podemos dominarnos

y no ceder a la primera provocación. Esta persona pensó que estaba siendo asertiva y muy honesta, pero su manera de decir estas cosas despertó detonantes emocionales en mí que eran muy parecidos a los que había escuchado en casa: «No haces nada bien», «Mi estilo de liderazgo es mucho mejor que el tuyo», «Puedo rechazar a esta joven porque no la acepto, me decepcionas».

2. Percibí que estaba lidiando con un alto nivel de control y con alguien que estaba traspasando un límite establecido de comportamiento. Su voz con tono de regaño no me ayudó en nada, la manera como habló me recordó las interacciones pasadas entre mi madre y yo, lo cual fue suficiente para la reacción de enojo que surgió de mi parte.

3. Cuando se lo presenté a Dios en oración, le pedí perdón por no haberme controlado. Él me mostró que mi molestia tenía una razón de ser: la injusticia hacia la joven. Aprendí que puedo descansar en la justicia de Dios. Me comprometí a trabajar en el autocontrol y a establecer límites en el trabajo y mantenerlos. En caso que alguien quiera traspasarlo, es mi responsabilidad mantenerlo en pie. Me mostró que el perdón no quiere decir que no vayamos a reaccionar sino que decidamos perdonar y no permitir que se cree una raíz de amargura en nuestro corazón. Pedí perdón y también perdoné a la persona que me ofendió.

La joven seleccionada hizo un excelente trabajo donde fue enviada. Y aunque nunca escuché una disculpa por parte de la persona que me contactó, para mí ha sido de gran ayuda saber que una situación que fue incómoda Dios la usó para mostrarme áreas en las que yo debía trabajar: dominio propio, límites saludables y guardarme de las reacciones emocionales al rechazo tanto propio como de los demás.

Comparto este ejemplo porque el perdón se ha enseñado de tantas maneras que cuando surge una situación similar a alguna vivencia que hayamos tenido y reaccionamos con enojo o tristeza podemos llegar a pensar que no hemos perdonado pero en realidad en mi experiencia he visto que perdonar es a diario, que en cuanto te das cuenta que te estas dejando arrastrar por emociones, recuerdos, ofensas debes presentarlo a Dios y continuar en el proceso diario de perdonar a todo aquel que te ofende y seguir adelante sin amargura, odio, rencor y enojo.

Por el contrario, sean amables unos con otros, sean de buen corazón, y perdónense unos a otros, tal como Dios los ha perdonado a ustedes por medio de Cristo.
Efesios 4:32 NTV

LA HONRA Y LOS LÍMITES SALUDABLES

En el caso de nuestros padres, el mandamiento es que debemos honrarlos y amarlos, reconociendo que muchas veces están copiando modelos de comportamiento que se les enseñaron y que han sido difíciles de romper. La oración es muy importante para interceder por nuestros padres; si se te dificulta perdonarles —como sucedió conmigo— entonces debes entregar lo que sientes a Dios y así tener relaciones saludables.

Lo que ha herido el corazón de muchos son palabras, momentos en los que no pensamos antes de hablar y en lugar de dar ánimo y fortalecer, lastimamos a alguien que amamos. Debemos ser muy sabios y prudentes con las palabras que decimos. Una de las primeras cosas que noté cuando empecé a caminar con Jesús fue la burla del mundo hacia Él, en ocasiones desprecio, juicio y una serie de situaciones de las que Jesús dice lo siguiente:

«Dios los bendice a ustedes cuando la gente les hace burla y los persigue y miente acerca de ustedes y dice toda clase de cosas malas en su contra porque son mis seguidores.»
Mateo 5:11

Muchas veces cuando las personas descubren que eres cristiano o cristiana estarás debajo de una lupa. Los que nos colocan ahí saben consciente o inconscientemente que representamos a Jesús, y no faltará encontrar a algunos con la mala intención de esperar enojo o confrontación en casa, en el trabajo o entre personas cercanas para señalarte; no permitas que esto te desanime. Continúa haciendo tu mejor esfuerzo, entrégale el control de cada día a Dios. No termines tu día sin pedir perdón y perdonar a los que te han ofendido. No existe sanidad sin perdón y no se recibe perdón sin perdonar a otros. Dios es muy claro en esto, Jesús lo enseñó con diligencia en varios pasajes bíblicos.

En ocasiones, la única forma en la que alguien entenderá que hemos establecido límites que no estamos dispuestos a remover es crear una línea entre ambas partes hasta que la otra parte decida modificar su comportamiento. Muchas veces esta situación surge entre nosotros y nuestros padres. Establecer límites no es deshonra: es crear nuevos modelos de relacionarnos con las personas. Los límites demostrarán que no estamos dispuestos a aceptar manipulación emocional, que hemos aprendido a decir que no a situaciones que perjudican nuestro tiempo, nuestras relaciones familiares, nuestro trabajo y nuestra relación con Dios.

Al modificar o establecer límites podemos encontrar resistencia y fácilmente caer en el error de que establecer límites con nuestros padres es inaceptable. Debemos ser prudentes y esperar a ver frutos de arrepentimiento (Lucas 3:8); muchas veces en nombre del perdón fallamos y nos apresuramos a reestablecer una relación y nos damos cuenta que la persona continúa comportándose de la misma manera. A veces Dios permitirá por un tiempo distanciamiento emocional y físico para que ambas personas puedan sanar; en ese tiempo se puede orar, esperar en Dios y confiar que podemos honrar a nuestros padres mientras esperamos ver frutos de transformación.

LA HONRA A NUESTROS PADRES EN EL PROCESO DE SANIDAD INTERIOR

- Los honramos entregando resentimientos, culpas y rencor a Dios.
- Los honramos al respetarlos y no hablar mal de ellos.
- Los honramos perdonándolos y amándolos a la distancia, si aún no han sanado. La reconciliación no siempre es físicamente.
- Los amamos y empezamos de nuevo invitándoles a sanar como Dios nos sana a nosotros.
- Los honramos al orar por ellos y bendecirlos.

- Los honramos ayudándoles a ver a Jesús y lo que el Padre Celestial ha hecho en nuestras vidas.
- Los honramos al cortar toda cadena de abuso emocional y físico para que no continúe con nuestros hijos.

Para lograr la sanidad interior, tanto de nuestros padres como la nuestra, debemos reconocer la dolencia. Si ya la hemos reconocido, no tengamos miedo de direccionar a nuestros hijos o a nuestra familia hacia el conocimiento de la verdad. Considero que no existen sustitutos para sanar nuestros corazones, el único camino hacia la sanidad es Jesús. Es importante reconocer que la voluntad del Padre Celestial es sanarnos de las dolencias emocionales para que podamos llevar vidas plenas y ayudar a otros a lo largo del camino. Muchos de los padres que nos han lastimado solo estaban reproduciendo lo que ellos mismos sobrevivieron y lo que aprendieron de sus padres.

Considero que ser agradecidos con Dios por una sanidad que esperamos recibir es reconocer Su poder infinito y restaurador; rendirle cada dolencia tanto emocional como física es muy importante para el proceso de sanidad. Someternos a Él en este proceso puede llegar a ser algo difícil de aceptar; si permitimos que el orgullo llene nuestro corazón, podemos pensar que podemos cuidarnos a nosotros mismos o que no necesitamos de su intervención. No permitas que la duda llene tu corazón. Si el proceso que estás pasando involucra una dolencia física, recuerda que el amor, la sanidad y la protección del Padre Celestial está disponible para todo el que le busca, sin importar cuál sea la dolencia, la situación o el proceso. Rendirse no es ser débil, al contrario, es reconocer con valentía que es necesario entregar la carga a Dios para recibir las promesas de sanidad que nos ha regalado en Su Palabra. Jesús quiere y puede sanarnos:

> «Por donde iba—fueran aldeas, ciudades o granjas—le llevaban enfermos a las plazas. Le suplicaban que permitiera a los enfermos tocar al menos el fleco de su túnica, y todos los que tocaban a Jesús eran sanados.»
> Marcos 6:56 (NTV)

EL PADRE CELESTIAL NO NOS HA DEJADO HUÉRFANOS

> «No los dejaré huérfanos; volveré a ustedes. Dentro de poco, el mundo no me verá más, pero ustedes me verán. Ustedes vivirán porque yo vivo.»
> Juan 14:18-19

Es de gran apoyo saber que Jesús no nos ha dejado huérfanos, pues ha dejado al Espíritu Santo para guiarnos, instruirnos y sanarnos. El Espíritu Santo romperá las cadenas de maltrato, nos desintoxicará de las raíces de amargura y nos llenará de la verdad de Dios, y esta verdad nos direccionará hacia la sanidad que necesitamos. Además, el Espíritu Santo nos ayuda en nuestra debilidad. Por ejemplo, nosotros no sabemos qué quiere Dios que le pidamos en oración, pero el Espíritu Santo ora por nosotros con gemidos que no pueden expresarse con palabras (Romanos 8: 26).

Una parte muy importante para trabajar en nuestra sanidad es hacer frente a los problemas, no podemos continuar colocándolos en una esquina y pretender que no existen porque eso hará que las cosas empeoren a largo plazo. Debemos reconocer los problemas y permitir que Jesucristo tome el control de todas las áreas de nuestra vida. El Padre Celestial se ha dado a conocer para que tengamos vida, paz y esperanza; solo entregando nuestras cargas podremos encontrar sanidad, amor, plenitud y gozo.

He establecido una amistad con el Espíritu Santo a través de la oración y la Palabra de Dios; sé que existen muchas diferencias doctrinales acerca de su función, pero Él es un amigo fiel que camina conmigo, conoce todo de mí y decide acompañarme en mi viaje de transformación sin juicios, sin condenación; tengo la convicción que estará conmigo hasta que Cristo vuelva y juntos regresemos a la casa de nuestro Padre Celestial. Él es un Padre bondadoso y a lo largo de nuestra vida nos ha colmado de bendiciones. Son muchos los regalos que Dios tiene para sus hijos mientras estamos en este mundo. Yo decidí aceptar su regalo de paz, por mucho tiempo busqué la felicidad pero no la encontraba porque ponía mi esperanza en el ser humano para hacerme feliz, y aunque podía experimentar felicidad por un tiempo, no perduraba porque todos los seres humanos fallamos. Sin embargo, la paz de Cristo es eterna y la podemos experimentar aquí podemos decidir dejar atrás el hubiera, pudiera y tuviera, porque seguir atrapados en el pasado y en el sentimiento que somos víctimas no renovará nuestras fuerzas, no nos ayudará en nada meditar en lo que pudo haber sido de nosotros en otras circunstancias. En cambio, el Padre Celestial es el único que tiene el poder de transformar el lamento en baile, la tristeza en gozo y el rechazo y abandono en un testimonio acerca de su fidelidad. Obtuve la victoria en Cristo y pasé de la orfandad a la casa de mi Padre; la hija que estaba cansada y fatigada encontró descanso en el Padre Celestial.

«Luego dijo Jesús: "Vengan a mí todos los que están cansados y llevan cargas pesadas, y yo les daré descanso".»
Mateo 11:28 (NTV)

EPÍLOGO
De huérfana a hija

Amado Padre Celestial,
cuando nací me entregaron
a planes distintos a los tuyos.
Me condenaron la amargura y el orgullo.

¡Juez justo eres, Padre!
Tú colocas a los solitarios en familias,
los guardas en tus manos
y a los pequeños, Tú auxilias.

Los llevas de huérfanos a hijos,
mostrándoles tu misericordia y tu gracia.
Bajo tu abrigo nos escondes
con amor y compasión.

A todos, los quebrantados de corazón.
Conocí el rechazo y el abandono
sin aun conocer mi nombre,
Fui rechazada y repudiada.

Crecí con miedo a los hombres
y un inmenso vacío en tinieblas.
Hasta que llegó tu intervención
y un procedimiento realizaste,

un trasplante de corazón.
Uno nuevo colocaste, el de piedra removiste
y con tu dulce susurro dijiste:
«Tu pasado ya venciste, vida nueva te he entregado.»

Te agradezco, Padre mío.
¡Tú nunca me has dejado!
A Tu Hijo amado has enviado
para darme salvación.

Padre, tú me liberaste, y heme aquí para servirte.
Mis tinieblas tú venciste con tu luz admirable.
¡Quiero llevar buenas noticias
de tu amor inagotable!

Tanto amor yo no entendía
pues amada, yo no me sentía,
como Lea me miraba despreciada y rechazada.

Gracias te doy, Padre mío, por haberme recibido,
por caminar conmigo en los días fríos y vacíos.
Tu misericordia, sin Cristo, es difícil de entender.
Es por gracia y no por mérito.

Tu Santo Espíritu me lo ha hecho saber.

Gracias por todo lo que has hecho
y por todo lo que me has dado,
eres tú quien ha luchado
y al enemigo has derrotado.

En medio de la guerra, con peligros y dolor
tu Palabra me decía: «¡Yo soy el que soy!»
Cada vez que te llamaba, Tú me respondías
y con mucho amor me confortabas:
«Tranquila, hija mía,
a mis ángeles he enviado
para que guarden tus caminos.

Recuerda mi promesa. Yo he forjado tu destino
¡Escrito está!
Ninguno de tus cabellos
el enemigo tocará. Desarmado y derrotado,
su tiempo, contado está.

Atrás quedaron el rechazo y abandono
Quiero que sepas hija mía:
Yo te amo y te perdono».

¿Dónde está quién te acusa?
Jesús se entregó por ti en la cruz del calvario.
Toda culpa y vergüenza es recaudada.
Tú le entregaste tu vida y tu deuda está saldada.

Él te amó desde el principio
sin pedirte nada a cambio.
No hay prioridad en tus logros,
estudios o balance monetario.

¡Jesús quiere tu corazón!,
Su Espíritu te lo recuerda a diario:
«Hija mía, Yo anhelo recibirte
pero quiero hoy dirigirte
a lo que tengo preparado;
frente en alto, mi guerrera,
tu misión no ha terminado.

Nunca olvides, hija mía, que con amor eterno
yo siempre te he amado».

Acerca de la autora

Claudia Galván Gil originaria de Managua, Nicaragua es consejera y mentora comunitaria, posee una Maestría en trabajo social de la universidad de Texas en San Antonio. Adquirió dos licenciaturas en sociología y psicología. Veterana de guerra de las fuerzas armadas, después de retirarse de su servicio en el ejército de Estados Unidos, decidió ayudar a veteranos y sus familias a emprender en programas de desarrollo personal, consejería, mentoría y emprendimientos empresariales.

Claudia participa en el alcance comunitario y la evangelización a través de Matthew 20 un ministerio de enseñanzas bíblicas. En la obra ministerial con la ayuda de su esposo ofrece mentoría para jóvenes estudiantes de la secundaria y la universidad. Tiene participación en dos programas radiales que promueven la adopción, el cuidado de los niños en custodia estatal y la capacitación a padres que desean proveer albergue temporal o desean ser padres adoptivos. Claudia es miembro activo de la cámara de comercio de San Antonio, Texas donde representa a los estudiantes en el área de educación, emprendimientos y familias. Actualmente vive en Texas al lado de su esposo y sus cuatro hijos.

Ella es miembro destacado de la *Academia Guipil: Escribe y Publica tu Pasión* y líder en la *Comunidad Mujer Valiosa*.

Para más información y contacto escribe a:
claudiagalvan@matthew20.org

BIBLIOGRAFÍA

Capítulo 3
1. Diccionario de inglés de Oxford. (2022). Diccionario de ingles Oxford. OED.com; Prensa de la Universidad de Oxford. https://www.oed.com/
2. Sanvictores, T., & Mendez, M. D. (2022, September 18). El estilo de crianza, el efecto en nuestros niños. PubMed; Stat Pearls Publishing. https://www.ncbi.nlm.nih.gov/books/NBK568743/

Capítulo 5
Bibliografía -APA 7ª edición
1. Instituto Nacional de Salud Mental. (2022, 15 de diciembre). NIMH» Inicio. nih.gov. https://www.nimh.nih.gov
2. Erikson, E. H. (1994). Identidad y ciclo de vida. Nueva York Norton.
3. NAMI. (2022). Inicio | NAMI: Alianza Nacional sobre Enfermedades Mentales. Nami.org. https://nami.org/Inicio
4. Pichere, P. (2015). Jerarquía de necesidades de Maslow, los verdaderos fundamentos de la motivación humana (C. Probert, Trans.) [Revisión de la Jerarquía de necesidades de Maslow, los verdaderos fundamentos de la motivación humana].
5. Diccionario de inglés de Oxford. (2022). Diccionario de ingles Oxford. OED.com; Prensa de la Universidad de Oxford. https://www.oed.com/
6. El Proyecto de Paternidad. Formación Para Profesionales. (Dakota del Norte.). El Proyecto de la Patrnidad. R 2022, de https://www.thefatherhoodproject.org/training/#organizations-schools

Capítulo 6
1. Bureau,UC(2020). 2020CensusResults.Census.gov. https://www.census.gov/programs-surveys/decennial-census/decade/2020/2020-census-results.html
2. Pew Center (n.d.). Padres solteros en los Estados Unidos (números, hechos y tendencias que dan forma al mundo) Pew Research Institute. Retrieved December 2022, from https://www.pewresearch.org/

NOTAS

NOTAS

www.ingramcontent.com/pod-product-compliance
Lightning Source LLC
Chambersburg PA
CBHW070551050426
42450CB00011B/2820